TELMO ADAMS

EDUCAÇÃO E ECONOMIA POPULAR SOLIDÁRIA

Mediações pedagógicas do trabalho associado

IDÉIAS & LETRAS

DIRETOR EDITORIAL:
Marcelo C. Araújo

EDITORES:
Avelino Grassi
Márcio F. dos Anjos

COORDENAÇÃO EDITORIAL:
Ana Lúcia de Castro Leite

REVISÃO:
Bruna Marzullo

DIAGRAMAÇÃO:
Juliano de Sousa Cervelin

CAPA:
Alfredo Castillo

IDÉIAS & LETRAS

Editora Idéias & Letras
Rua Pe. Claro Monteiro, 342 - Centro
12570-000 Aparecida-SP
Tel. (12) 3104-2000 - Fax (12) 3104-2036
Televendas: 0800 16 00 04
vendas@ideiaseletras.com.br
http//www.ideiaseletras.com.br

Dados Internacionais de Catalogação na Publicação (CIP)
(Câmara Brasileira do Livro, SP, Brasil)

Adams, Telmo
Educação e economia popular solidária: mediações pedagógicas do trabalho associado. - Aparecida, SP: Idéias & Letras, 2010.

ISBN 978-85-7698-060-5

1. Economia 2. Educação - Filosofia 3. Educação - Finalidades e objetivos 4. Educação popular 5. Solidariedade 6. Trabalho 7. Valores sociais I. Título.

09-12386 CDD-370.115

Índices para catálogo sistemático:

1. Economia solidária como prática pedagógica:
Educação 370.115

SUMÁRIO

AGRADECIMENTOS

Sou grato e quero dedicar este livro a todas e todos que, de alguma forma, participaram comigo na empreitada de formação permanente que é resultado de muitos mutirões:

– ao pai Celestino (falecido) e mãe Lori, que me geraram;

– aos avós Regina e Raimundo e ao tio Thomas, que me socializaram nos primeiros anos de vida, contribuindo para que eu fosse quem sou;

– depois à convivência com minhas seis manas e quatro manos;

– às professoras e professores da escola primária; depois às do ginásio, do científico;

– e aos mestres dos diversos momentos de pós-graduação (especializações, mestrado e doutorado).

Sou grato ainda e de modo muito especial:

– a Marili, com quem compartilho a vida por mais de 28 anos, e seus familiares, especialmente pai Paulo Libardoni (falecido) e mãe Elvira, que na intensa vivência dos últimos anos me oportunizou o exercício do cuidado e muitíssimas lições de sabedoria;

– a Daniel, nosso filho amado, que Deus colocou na nossa vida para redimensionar nossa convivência e oportunizar novos aprendizados mútuos;

– e a tantas amigas e amigos, especialmente o grupo de famílias com o qual nos reunimos mensalmente há mais de 28 anos;

– aos colegas de trabalho da Cáritas, Instituto Humanitas Unisinos, Centro de Assessoria Multiprofissional e às trabalhadoras e aos trabalhadores da Associação dos Recicladores de Dois Irmãos, de modo especial Odete e Roque Spies;

– à CAPES, que me possibilitou a maior dedicação à pesquisa geradora deste livro;

– Por fim, às professoras Lia Tiriba, Clara Bueno Fischer, e aos professores Danilo Streck, Nilton Bueno Fischer, Luiz Inácio Gaiger, que me estimularam e me apoiaram no encaminhamento da publicação deste livro.

A boa sociedade que procuramos é uma sociedade
na qual exista respeito e amor pela vida,
para todos os homens e mulheres,
e na qual "valha a pena ter nascido".
Procuramos uma sociedade em que a infância seja um tempo de
brincar e de receber estímulo;
em que a juventude possa ser um tempo de liberdade
para decidir o que queremos ser,
um tempo de afirmação, generosidade e energia criativa;
em que a velhice possa ser um tempo de descanso,
de introspecção e um tempo de partilhar experiências.
Procuramos uma sociedade em que ninguém tenha falta
das necessidades materiais de vida, tampouco falta de amor,
solidariedade, amizade e ternura, que mantêm a alma intacta.

Mercedes Canas
(A vida cresce em nós: um ponto de vista ecofeminista.
In: RUETHER, 2000, p. 51.)

LISTA DE ABREVIATURAS E SIGLAS

ABES – Associação Brasileira de Engenharia Sanitária
ADS-CUT – Agência de Desenvolvimento Solidário – Central Única dos Trabalhadores
ANTEAG – Associação Nacional dos Trabalhadores em Empresas de Autogestão e Participação Acionária
ARDI – Associação dos Recicladores de Dois Irmãos
BID – Banco Interamericano de Desenvolvimento
BIRD – Banco Internacional para Reconstrução e Desenvolvimento
BM – Banco Mundial
CAMP – Centro de Assessoria Multiprofissional
CEBs – Comunidades Eclesiais de Base
CEDOPE – Centro de Documentação e Pesquisa (Instituição da Unisinos transformada no Instituto Humanitas Unisinos – IHU, desde 2001).
CEPAL – Conselho Econômico para a América Latina
CNBB – Conferência Nacional dos Bispos do Brasil
COL – Círculo Operário Leopoldense
COM – Centro de Orientação Missionária – Caxias do Sul
ECOSOL – Economia Solidária (terminologia abrangente e institucionalizada pela Secretaria Nacional de Economia Solidária)
ES – Empreendimentos solidários
EES – Empreendimentos Econômicos Solidários (expressão consagrada por Luiz Inácio Gaiger)
EMATER – Empresa de Assistência Técnica e Extensão Rural do Estado
EPS – Economia Popular Solidária (designação utilizada pela Cáritas e setores de governos "democráticos populares", referindo-se a empreendimentos ligados a grupos solidários do campo mais amplo da economia popular)
FARRGS – Federação das Associações de Recicladores do Rio Grande do Sul

FEPAM – Fundação Estadual de Proteção Ambiental
FMI – Fundo Monetário Internacional
IES – Instituição de Ensino Superior
IHU – Instituto Humanitas Unisinos
ITCP – Rede de Incubadoras Tecnológicas de Cooperativas Populares
METROPLAN – Fundação Estadual de Planejamento Regional
OEPs – Organizações Econômicas Populares (designação cunhada por Luiz Razeto – Chile)
OIT – Organização Internacional do Trabalho
OMC – Organização Mundial do Comércio
ONGD – Organizações Não-Governamentais de Desenvolvimento (designação utilizada por Luis Coraggio)
ONGs – Organizações Não-Governamentais
PACS – Instituto Políticas Alternativas para o Cone Sul
PACs – Projetos Alternativos Comunitários (designação utilizada pela Cáritas Brasileira para os empreendimentos solidários)
SENAES/MTE – Secretaria Nacional de Economia Solidária/ Ministério do Trabalho e Emprego
SENAI – Serviço Nacional de Aprendizagem Industrial
SIES – Sistema Nacional de Informações em Economia Solidária
UNESCO – Organização das Nações Unidas para a Educação, Ciência e Cultura
UNITRABALHO – Rede Interuniversitária de Estudos e Pesquisas sobre o Trabalho

PREFÁCIO

Palavras de apresentação, às vezes, vêm impregnadas de um senso de autoridade que neste caso não se aplica. Telmo Adams, o autor deste livro, traz a público o resultado de anos de vivência direta com o assunto, combinada com vasta e profunda base teórica. Pode-se dizer que Telmo é a pessoa certa para tratar do tema proposto, no momento oportuno.

O crescente interesse de pesquisadores de várias áreas do conhecimento no campo da economia solidária ou do trabalho associado corresponde ao movimento de pessoas e grupos que buscam formas alternativas de construir suas vidas ou simplesmente de sobreviver numa sociedade persistentemente injusta e excludente. O livro situa esta discussão no tempo e no espaço, mostrando que os movimentos de cooperação têm história e são realizados por pessoas que, ao enfrentar dificuldades concretas, veem saída no trabalho conjunto.

Com habilidade e sensibilidade, Telmo vai ao encontro de mulheres e homens de uma associação de recicladores de materiais recicláveis. Ele escuta, conversa e, junto com os membros da associação, vai desvendando os sentidos de suas existências e de seu trabalho. Assim como eles, há muitos grupos que se organizam e lutam. As entranhas destas lutas mostram um mundo geralmente mantido longe do olhar, do olfato e do tato da cidade "limpa". Como a história da professora que achava que não poderia levar as crianças para conhecer o trabalho na Associação com medo de contaminações ou perturbação dos sentidos. Viu-se neste exemplo o papel educativo da Associação, quando de maneira empática os educadores-recicladores esclareceram e convenceram a comunidade escolar de que o galpão do "lixo" é parte da mesma cidade.

Mas o livro não é sobre os outros. A narrativa nos desafia a revisar e refazer o nosso próprio sentido de mundo. O lixo que as mãos ágeis dos recicladores e das recicladoras selecionam saiu de nossas casas e ali, na esteira, revela diante dos outros e de nós mesmos a nossa vida e os nossos valores. Os recicladores então se descobrem ocupando um lugar privilegiado para dizer à sociedade o que ela é, e o seu juízo sobre ela corta mais fundo que as análises de conjuntura dos especialistas.

Não é também um livro sobre reciclagem de lixo ou economia solidária, muito menos um libelo moralista contra a sociedade de consumo. Como indicado no título, o livro trata da *educação e economia popular solidária*. A originalidade está em explorar a interseção entre processos formativos e o trabalho associado, buscando compreender como e o que as pessoas aprendem através de um trabalho associado. O pressuposto é de que há outras formas de as pessoas se organizarem e produzirem, e que é possível pensar e criar um *ethos* que privilegia a promoção de valores de solidariedade sobre aqueles de competição, amplamente aceitos como fazendo parte da natureza humana e, por isso, inquestionáveis e imutáveis.

Os educadores e as educadoras são desafiados com este livro a olhar para a diversidade de espaços que educam e deseducam. A escola, com certeza, continua sendo a principal agência educadora, mas está longe de ser a única. A educação popular, uma marca da América Latina, desenvolveu-se exatamente a partir da compreensão de que a pedagogia se recria no movimento da sociedade que ela, por sua vez, pode ajudar a compreender e direcionar. O livro traz valiosas contribuições para repensar as práticas educativas no âmbito escolar e não-escolar.

Mais de uma vez tive a oportunidade de ver lado a lado o autor deste livro com membros da associação discutindo a experiência em reuniões e seminários. Numa delas, com orgulho, um dos membros levantou o livro que conta a história da associação dizendo que o "Telmo escreveu, mas as ideias são nossas". É a pesquisa ajudando as pessoas a se assumirem como sujeitos, a dizer a sua palavra e pronunciar o seu mundo.

Danilo R. Streck

INTRODUÇÃO

As motivações que me levaram a tematizar e escrever sobre os processos educativos nas práticas de economia popular solidária baseiam-se, entre outros aspectos, na crítica ao modelo de desenvolvimento de globalização capitalista excludente alicerçado no crescimento ou progresso ilimitado. Onde o capitalismo triunfa, a produção de mercadorias desnecessárias ao bem-estar humano equivale a um crescente desperdício inútil de energia que faltará para as futuras gerações. Associo-me aos que unem esforços para contrapor, ao modelo societário de globalização competitiva gerador de desigualdades sociais, um outro modo de vida solidário e sustentável, inspirado nas experiências "ausentes", mas que podem e precisam tornar-se "emergentes". As práticas sociais consideradas insignificantes para a lógica de acumulação do mercado capitalista constituem-se espaços reais e potenciais de formação para um novo modelo de vida em sociedade.

No cenário de resistências e articulação sinérgica de "lutas dos empobrecidos", a economia popular solidária, apesar da sua fragilidade sob o ponto de vista mercadológico, desponta como uma forma de produzir e reproduzir a vida abrindo caminhos para uma "outra economia", uma economia não capitalista, não exploradora do trabalho e nem depredadora da natureza. Não se trata de uma visão ingênua que acredita numa transição espontânea. Ao contrário, é construção histórica, tarefa coletiva a ser constantemente conquistada, com a clareza de que precisamos lutar contra as ideologias fatalistas, como nos alerta Freire (2004):

> A ideologia fatalista, imobilizante, que anima o discurso neoliberal, anda solta no mundo. Com ares de pós-modernidade, insiste em convencer-nos de que nada podemos contra a realidade social que, de histórica e cultural, passa a ser ou a virar "quase natural" (p. 19).

Refletindo sobre a história recente da humanidade, aprendemos que as transformações não ocorrerão pela "mão única" como simples resultado de mudanças de estruturas. Entretanto, igualmente não ocorrerão pelo voluntarismo de indivíduos ou grupos que estejam ensaiando mudanças nos seus locais de vida e trabalho. Sem abrir mão das utopias, a posição defendida no presente livro alia-se a dos que propõem o redimensionamento do sonho moderno, carregado de onipotência, de um ponto de chegada ao "final da história". Propõe assumir uma forma mais realista, mas não menos apaixonada de engajamento para tornar habitável nosso planeta.

Passo a passo, articulando teoria e prática, os três capítulos buscam elucidar como a economia popular solidária, de modo especial os empreendimentos de trabalho associado, constitui-se um espaço de educação popular através das múltiplas mediações pedagógicas nela presentes. Tais práticas valorizam a dimensão econômica da vida oportunizando elementos peculiares formadores de novos sujeitos construtores de uma cultura do trabalho, rompendo com a cultura assistencialista ou de sujeição e adaptação social.

Todavia, não se trata de converter essas micro-organizações em absolutas portadoras de uma transformação estrutural da sociedade. Cabe valorizá-las como catalizadoras de energias que, com novas formas de produzir, podem somar-se a outros movimentos e organizações da sociedade para produzir um *ethos* individual e coletivo com distintos processos de produção de sentidos, diferentes daqueles presentes nas relações capitalistas.

A primeira parte do livro explicita um panorama da educação popular na América Latina estabelecendo relações entre as compreensões da experiência histórica da economia popular solidária no contraditório mundo do trabalho no contexto do mercado capitalista.

O segundo capítulo busca aclarar as transformações estruturais destacando a flexibilização do trabalho, o fim da centralidade das tradicionais formas de emprego e a generalização da informalidade (inclusive do cooperativismo e outros empreendimentos de economia solidária) a serviço da produção capitalista. Segue uma compreensão crítica em relação à atuação das organizações da sociedade: movimentos sociais, ONGs, organizações do "terceiro setor". Como as instituições e/ou educadores portadores de um *ethos* pastoral e militante incidem pedagogicamente nas experiências de economia popular solidária?

A terceira parte do livro traz detalhadamente uma reflexão sobre uma experiência de trabalho associado – a Associação dos Recicladores de Dois Irmãos – ARDI –, destacando as mediações pedagógicas favoráveis para a formação de um novo *ethos*, um novo "paradigma de vida do cuidado". A análise tenciona avanços, conflitos e contradições, indicando caminhos e desafios para o desenvolvimento de processos educativos que contribuam para a emancipação dos trabalhadores que anseiam por vida de qualidade.

— 1 —

EDUCAÇÃO POPULAR NA AMÉRICA LATINA E ECONOMIA POPULAR SOLIDÁRIA

As complexas realidades em rápidas e profundas transformações exigem uma ressignificação, ou seja, uma volta às fontes, às origens dos sentidos referenciais da educação popular,[1] na busca constante de (re)encontrar sua contribuição histórica. A partir da década de 1980, a formação[2] humana, tendencialmente, cedeu lugar ao tecnicismo nos espaços escolares em geral. A educação assumiu a tarefa de treinar, ensinar destrezas, adaptar homens e mulheres ao mundo que aí está. "Na visão pragmático-tecnicista [...] o que vale é a transferência de saberes técnicos, instrumentais, com que se assegure boa produtividade ao processo produtivo", enfatiza Paulo Freire (2000, p. 95). Apesar de ideologizações ou exagerada politização, em alguns casos, a compreensão de formação integral ainda se manteve em práticas e concepções de educação popular (Jara H., 2006; Mejía J., 2006).

---

1 De acordo com Conceição Paludo (2001), os alicerces dessa concepção estão em Paulo Freire, na Teologia da Libertação, no Novo Sindicalismo, nos Centros de Educação e Promoção Popular, no pensamento pedagógico socialista (Marx, Lênin e Gramsci) e outros fortemente apoiados em processos de construção dos movimentos sociais populares. A educação popular é entendida como um "processo educativo que se vincula de forma estreita à ação organizada das camadas populares, visando contribuir para a construção de uma sociedade em e de acordo com os seus interesses" (p. 100).

2 A formação, em sentido amplo, utilizada como sinônimo de educação, refere-se aos processos que contribuem para o ser humano dar um sentido básico a todas as aprendizagens para agir com sentido ético no mundo, na relação com a natureza, com cada mulher e homem e a sociedade e com o Absoluto.

A educação popular, como prática socioeducativa, propõe-se a contribuir nos processos de emancipação social e tem como tarefa não a mera transmissão, mas "a produção do conhecimento, a defesa de uma educação para a liberdade, pré-condição da vida democrática, a recusa do autoritarismo, da manipulação, da ideologização" (Brandão, 2003, p. 213). Persegue a defesa da educação como um ato de diálogo, a noção de uma ciência aberta às exigências éticas de qualidade de vida, com um planejamento comunitário e participativo. E, nesta perspectiva, relaciona-se diretamente com uma concepção de ser humano, de mundo e de sociedade. Em resumo, o compromisso da educação popular, na atual crise[3] civilizacional, continua sendo o de contribuir no processo de transformação social, desde o lugar e ótica das classes marginalizadas e oprimidas, incluindo a dimensão subjetiva, social, cultural, política e econômica.

Presumo que, em função das múltiplas maneiras e níveis de processos pedagógicos, de forças sociais e sujeitos históricos presentes e atuantes na trama de relações sociais e de jogos de poder na sociedade, toda educação não apenas tem uma dimensão política, mas é essencialmente política. "A educação está sempre a serviço de uma visão de mundo e de 'homo', e de um sistema de organização e desenvolvimento da sociedade" (Arruda, 2003, p. 242). "Não há saber neutro, não há ciência neutra e não há pesquisa neutra" (Brandão, 2003, p. 20). Tal concepção não vale apenas para a educação popular, pois toda "educação é um processo inserido nas totalidades concretas das comunidades humanas, historicamente determinadas e, portanto, em relação dialética com o contexto sócio-histórico" (Oliveira, M., 1997, p. 221). Pelo seu caráter dialético, a educação é condicionada, mas também condicionante, porque pode contribuir para a articulação e a difusão de uma nova concepção de mundo.

[3] O sentido mais profundo da crise pode ser atribuído às dificuldades de visualização das possibilidades que se apresentam para o Campo Democrático e Popular diante do novo contexto... Trata-se de uma crise de caminhos (cf. Paludo, 2001).

Mejía Jiménez (2006) identifica que, hoje, há um reconhecimento de quatro paradigmas[4] pedagógicos da modernidade: o alemão, o francês, o saxão e o latino-americano. Para ele, este último tem seu fundamento na tradição da educação popular, com destaque à contribuição de Paulo Freire. Esta se diferencia das demais, exatamente, pela ênfase na compreensão de educação entrelaçada com a opção ética de transformar as condições de existência das pessoas excluídas da escola e segregadas socialmente.[5]

Com esse pressuposto, a educação – e, sobretudo, a popular – pode intervir como força ética e política para produzir saberes, assumindo um projeto com intencionalidade emancipadora, visando contribuir para a transformação das condições subjetivas (limites das pessoas) e condições objetivas (injustiças e desigualdades em nossa sociedade).

Embora estejamos num contexto de globalização, precisamos realizar o processo de educação desde as especificidades dos países do Sul:[6]

> Como uma forma de resposta à globalização capitalista e neoliberal, surge um processo de educação popular que reconhece as profundas transformações em marcha, que, dessa forma, coloca a urgência de voltar a ocupar-se dos processos culturais e de identidade presentes no mundo do local, em nossas realidades latino-americanas. [...] Como uma resposta própria deste continente – sem negar nosso necessário nexo com o mundo e a organização do processo de globalização – seja capaz de recolher suas particularidades e colocar, a partir desta especificidade,

---

4 Paradigma refere-se a um conjunto de princípios, ideias e valores compartilhados e que servem de referência e orientação para uma comunidade ou uma distinta sociedade.

5 Um dos princípios pedagógicos que Dussel (2000, p. 441) valoriza em Freire é o que ele denomina de intersubjetividade comunitária. A pedagogia do oprimido apoia-se em uma comunidade de vítimas oprimidas, imersas em uma cultura popular, com tradições, apesar de analfabetos, miseráveis... "os condenados da terra". O método proposto é o diálogo, exposto, de modo especial, no capítulo III do livro *Pedagogia do Oprimido*.

6 Compreende-se aqui o "Sul" (países do Sul, ótica do Sul) como metáfora do sofrimento humano causado pelo colonialismo capitalista. Trata-se do Sul global (em oposição ao Norte) criado pela expansão colonial da Europa que subjugou e expropriou o Sul do planeta (América Latina, África, Ásia em parte). No lugar da colonização territorial, os países do Norte perpetuam novas formas de colonização pela tecnologia/conhecimento, barreiras comerciais etc. Alguns autores chamam esta nova maneira de colonizar os países pobres do Sul de "colonialidade do poder e do saber" (cf. Mignolo, 2004; Dussel, 2000; Santos, B., 2006).

> uma série de novas apostas educativas que não se resolvem na simples modelização organizada desde as entidades multilaterais (FMI, BID, BM, OMC). Este processo implica uma construção educativa aberta ao mundo, mas desde nossa especificidade (Mejía J., 2006, p. 264).

No campo da economia solidária, tais processos educativos exigem uma postura de autonomia, de protagonismo emancipador dos sujeitos envolvidos – educadores e educandos – no sentido de superar os riscos que prolonguem e agravem a submissão e a dominação cultural. No contexto da realidade sempre ambígua e ambivalente,[7] nestas práticas educativas estão presentes, ao mesmo tempo, elementos de emancipação e de assistencialismo. Possivelmente em experiências com grupos socialmente mais vulneráveis, característica de boa parte do público da economia popular solidária, um novo tipo de assistencialismo pode ocorrer com maior probabilidade. Não basta educadores de entidades (ONGs, instituições religiosas, sindicais, universitárias) afirmarem que realizam uma educação emancipadora. É preciso checar a coerência da metodologia ou das mediações pedagógicas[8] potencializadas e oportunizadas na prática desses empreendimentos.

De qualquer forma, confirmou-se, nos anos recentes, que o fator econômico voltou a ser valorizado por diversas instituições e pesquisadores como uma das vertentes de educação popular (Coraggio, 1996). Tal verificação na perspectiva educativa constata-se, igualmente, no campo sociológico, que tem identificado diversas tendências no conjunto de forças sociais emancipadoras[9] que apontam proposições e práticas alternativas

---

7 Os sentidos aqui adotados baseiam-se em Pedro Demo (2002, p. 20-21). "A realidade se diz *ambígua* quando possui estrutura difusa, não-linear, caótica, apresentando-se como autêntica unidade de contrários." Além de não reversível, todo fenômeno histórico é campo dinâmico de força ou energia e nunca restrito a um único sentido. Diferentemente da visão estruturalista, os fenômenos são intrinsecamente dinâmicos e contraditórios. A realidade se diz *ambivalente* quando sua dinâmica manifesta direções opostas no mesmo todo e ao mesmo tempo. "O termo 'ambíguo' designa traços da estrutura da realidade, enquanto o termo 'ambivalente' aponta para modos de seu vir a ser."

8 A compreensão de "mediações pedagógicas" será desenvolvida no subcapítulo 1.5.

9 Para Conceição Paludo (2001), o Campo Democrático Popular – CDP – constitui-se nos anos 1970/1980, em contraposição ao projeto de modernidade, articulando democracia e

às atuais correntes hegemônicas. Uma delas "desaguou" nos processos de construção da economia popular solidária que articula práticas locais com desenvolvimento regional. Esta dinâmica, por vezes, inclui e transcende os movimentos sociais populares; em outros casos, não. O processo educativo relaciona-se com a luta pela sobrevivência, buscando resolver problemas elementares da produção material da existência. Tal hipótese credencia o aspecto econômico, que inclui o trabalho, como um gerador de interesses e disposições[10] de sujeitos e grupos sociais para o desenvolvimento de processos educativos.

Para compreender os sentidos de formação do *ethos*[11] em vista de uma outra cultura do trabalho nos empreendimentos de economia solidária de caráter popular – sobretudo os constituídos por grupos humanos socialmente mais vulneráveis –, é fundamental revalorizar o método de educação popular, especialmente os elementos praticados nos "círculos de cultura" de Paulo Freire (1976; 1978).[12] Estes podem constituir-se em espaços aprendentes, onde o processo educativo pode ser tão ou mais intenso quanto mais – também a partir do espaço produtivo – as pessoas e os grupos estiverem interagindo com os demais espaços sociais da vida.

A educação "socialmente produtiva" (Gutiérrez, 1999) poderá resgatar uma visão relacional da produção, com sentido emancipador, que

---

justiça social com a construção de um projeto alternativo de sociedade, mas que se apresenta de forma fragmentária e depende das conjunturas, com movimentos não-lineares permeados por avanços e retrocessos, "inacabados e embebidos pelas contradições da realidade econômica, política e social e dos próprios sujeitos que o constituem" (p. 48). Em nível mundial, essas forças sociais emancipadoras articulam-se predominantemente ao redor dos Fóruns Sociais Mundiais.

10 "*Interesse* é 'estar' em, participar, admitir que o jogo merece ser jogado e que os alvos engendrados no e pelo fato de jogar merecem ser perseguidos [...]. A noção de interesse opõe-se à de desinteresse, mas também à indiferença [...]" (Bourdieu, 1996, p. 139). *Disposição* tem a ver com maneira de ser em relação a uma predisposição, tendência, propensão ou inclinação.

11 Aprofundarei este ponto em seções próximas.

12 Em torno de um espaço e prática comuns os sujeitos, na coincidência das intenções, encontram-se em diálogo que "criticiza e promove os participantes do círculo. Assim, juntos, recriam criticamente o seu mundo..." (Freire, 1978, p. 3). No círculo de cultura não há professor, mas coordenador que tem a tarefa de propiciar condições favoráveis à dinâmica do grupo.

contribua efetivamente para a realização dos seres humanos. Transformar essas condições/mediações pedagógicas significa garantir a dimensão educativa na relacionalidade das práticas, em que o educador assume uma postura ativa com projeto político. Sem imposições coloca-se como um problematizador e orientador um coordenador facilitador de situações de aprendizagem. Na dinâmica da educação popular, os espaços de trabalho coletivo podem ser potencializados como mediações pedagógicas favoráveis ao ensinar e aprender mútuo, evitando que fiquem no isolamento. Trata-se de um processo que transcende a reflexão racional para envolver as relações humanas na sua totalidade: dimensão afetiva, psicológica, espiritual, ética, política e social (convivência humana contemplando o aspecto lúdico).

A metodologia de educação popular, nestes círculos de trabalho, possibilita partir da realidade local e, alimentando-se dela, favorece a reflexão sobre os condicionamentos que advêm do contexto mais amplo; estabelecem-se, assim, condições apropriadas e fecundas de ensino-aprendizagem, ao mesmo tempo em que essa metodologia leva os sujeitos a voltarem a atuar para enfrentar os desafios do seu cotidiano (nível local). Neste processo, todas as relações sociais, de interação ou conflito, sejam provocadas por dimensões objetivas como subjetivas, oportunizam, de alguma forma, mediações pedagógicas (cf. Gutiérrez, 1999). A objetividade e subjetividade estão sempre dialeticamente intrincadas e inseparáveis. Nem objetivisimo, nem subjetivismo, "mas subjetividade e objetividade em permanente dialeticidade" (Freire, 1978, p. 39).

Pressuponho que nos espaços de trabalho associado, assim como em outras práticas sociais, limitam-se as possibilidades educativas quando estas são exageradamente forjadas pelas compreensões lineares e hierárquicas. Ao contrário, ampliam-se as possibilidades dos processos educativos emancipadores, quando se propõe superar as absolutizações, os dogmatismos, oportunizando uma (re)construção abrangente e solidária de saberes. As relações nas quais todos são educadores e educandos, individual ou coletivamente, partem do reconhecimento, não da ausência do lugar do educador, mas da limitação e da incompletude humana e do desejo de *ser-mais* (Freire, 1978, 2004). Todas as pessoas "trabalhando em", "convivendo com", no interior de qualquer grupo humano, são fontes originais de saber. Mas também é verdade que, em última análise, ninguém ensina ninguém. Aprender é sempre um processo e é uma aventura interior pessoal, ao mesmo tempo em que ninguém se educa sozinho (Freire, 1978). "Cada um dos integrantes de um grupo humano trabalha, convive e/ou participa, a partir e através daquilo que traz, como os conhecimentos, as sensibilidades e os sentidos de vida originados de suas experiências pessoais e interativas" (Brandão, 2005, p. 88).

1.1. Fundamentos e compreensões de uma pedagogia e educação emancipadoras

A pedagogia, como ciência, ocupa-se com a reflexão, sobretudo, metodológica sobre o ato educativo para além do âmbito da escola e sobre o universo de relações que se constroem para garantir os processos de ensino e aprendizagem. Constitui-se no saber prático-teórico das relações sociais e do conhecimento que se aprende através do filtro dos condicionamentos sócio-históricos e culturais (Mejía J. e Awad, 2001; Streck, 2005). Sem entrar nos detalhes das diferentes possibilidades de compreender o desenrolar histórico das concepções pedagógicas, vale aqui destacar que a pedagogia foi erroneamente associada e restrita à educação escolar.[13]

A diferença e os limites entre a socialização (educação não-intencional) e o ensino não-formal e formal passam a ser observáveis no momento em que a educação se sujeita a uma pedagogia (teoria da educação), criando situações próprias para o seu exercício, produzindo seus métodos e estabelecendo suas regras e tempos (Brandão, 1983). Se inicialmente a escola era reconhecida como espaço de educação por excelência, hoje se

[13] Vale lembrar que a instituição escola, tal qual a conhecemos hoje, surgiu e tornou-se o principal e dominante meio de educação a partir da Revolução Industrial, como forma encontrada para objetivar a generalização das funções intelectuais exigidas pela máquina, que era o centro da atividade produtiva (Saviani, 1996). Portanto, a educação não iniciou com a escola e nem a ela se reduz.

verificam múltiplas maneiras organizadas por instituições não escolares. Possivelmente, os diversos instrumentos da mídia fazem com que a educação não-formal tenha hoje mais influência sobre a vida das pessoas do que a escola. Em síntese, a educação é um processo que envolve sempre relações sociais, lugares de práticas e conteúdos, não se limitando à escolarização.

Além disso, vale registrar que diferentes pedagogias têm sistematizado e trazido suporte para compreender, orientar e valorizar processos educativos em práticas não-formais e informais nos ambientes de trabalho, de lazer e outros relacionados aos mais diversos espaços da vida.

Para elucidar alguns dos múltiplos sentidos da educação, inicio com Paulo Freire (1978, 2004), que qualifica a educação como processo de constituição do ser humano considerando a natureza intrinsecamente política (não neutra) da sua atividade, ação no mundo. Esta é sempre direcionada para determinado projeto de sociedade e mesclada nas relações de poder. O ser humano se constitui na ação individual e coletiva, nas múltiplas ações pela conquista da sua humanidade. Na grande experiência da vida, as múltiplas mediações possibilitam um processo reflexivo, um aprendizado permanente. A reflexão deve conduzir à prática, e o momento da ação se torna autêntica práxis se o saber dela resultante se faz objeto da reflexão crítica. Contudo, esse processo é tanto mais autêntico quanto mais consciência temos dos limites objetivos. Vejamos a síntese de Freire: "Não há prática educativa, como de resto nenhuma prática, que escape a limites. Limites ideológicos, epistemológicos, políticos, econômicos, culturais" (2001, p. 47).

A educação foi e continua sendo um "instrumento" utilizado para facilitar a integração das gerações na lógica do sistema hegemônico na sociedade e assim gerar conformidades. Mas pode, ao mesmo tempo, ser uma mediação através da qual mulheres e homens aprendem a lidar crítica e criativamente com o contexto. Nessa dinâmica dialética, oportunizam-se meios para a participação individual e coletiva dos sujeitos na construção de práticas transformadoras da realidade social, relacionando as instâncias locais e amplas. Trata-se, pois, de uma visão de educação mediada pelas práticas sociais, em que a materialidade da vida constitui-se a base primeira de mediações pedagógicas da construção do conhecimento. Na dinâmica da práxis,[14] este incide novamente na realidade em constante transformação. "Na prática problematizadora, vão os educandos desenvolvendo o seu poder de captação e de compreensão do mundo que lhes aparece, em suas relações com ele... como uma realidade em transformação, em processo" (Freire, 1978, p. 82). Nessa dinâmica sempre contraditória, a educação poderá fortalecer um ou outro caminho, dependendo do modo de vida dominante e modo de produção que prevalece em determinada sociedade. Em decorrência, ela constitui-se um fenômeno dialético vinculado à (re)produção social, como produto e produtora da sociedade (Freire, 1978; Gadotti, 1995; Kuenzer, 2006b). De acordo com a opção assumida, pode prevalecer o caráter domesticador (de reprodução social) ou emancipador (produção de novos sujeitos e novas relações sociais).

A opção pela educação na atividade do trabalho que busque a emancipação pessoal e social implica a escolha de um tipo coerente de valores e de concepção de ser humano. Uma pedagogia com opção ética e política voltada aos interesses dos "sem voz e sem vez" na sociedade requer uma interação estratégica com as condições materiais e imateriais da existência.

1.2. Educação e visão de "ser humano"

Qualquer projeto educativo tem como pressuposto uma concepção de ser humano. "A prática educativa sempre é construída sobre uma determinada visão de pessoa" (Streck, 2005, p. 89), que acaba sendo determinante na definição dos objetivos, conteúdos e metodologia. As duas

[14] "*Práxis* é a atividade teórica que proporciona um conhecimento indispensável para transformar a realidade, [...] mas não transforma em si a realidade, a não ser quando apropriada pela consciência individual e coletiva, e então se transformem as ideias em ações" (Vazquez, 1968, p. 203). Complemento essa compreensão com Freire (1978): para ele a reflexão deve conduzir à prática, e o momento da ação se torna autêntica práxis se o saber dela resultante se faz objeto da reflexão crítica (p. 57). A libertação autêntica "é práxis que implica na ação e na reflexão dos homens sobre o mundo para transformá-lo" (p. 77). Ação e mundo estão dialeticamente relacionados, sem dicotomia, entre ação e reflexão.

grandes correntes pedagógicas – a da *essência* e da *existência* (cf. Suchodolski, 1984) – estão ancoradas em tendências conflitantes de visão de pessoa. A primeira vê o ser humano a partir do que ele deveria ser; e a segunda, a partir do que ele é na realidade. A proposta educativa inspirada na essência tende a privilegiar a transmissão de conhecimentos como verdade pronta, sedimentada. Já a que tem como referência a existência[15] privilegia o processo centrado na vida concreta dos educandos e, em decorrência, assume outra opção metodológica.

Até o Renascimento, quando o ser humano concreto passou a ser considerado central, predominou a visão da essência. A pedagogia da existência ganhou importância e centralidade com a pedagogia moderna, na qual, em síntese, o educando tornou-se a fonte da educação. "A metáfora do jardineiro como ideal do professor, para Comenius, foi substituída pela figura do tutor (de Rousseau) que antes de tudo tem a função de proteger o educando das influências adversas do meio" (Streck, 2005, p. 91). Foi com o movimento da "escola nova" que a pedagogia da existência se construiu sobre o método da experimentação, reconhecendo na ação do aluno a base do processo educativo (cf. Dewey, 1979).

Suchodolski (1984) faz uma análise crítica às duas tendências. Para ele, a pedagogia da essência pode reduzir o ser humano a um receptáculo passivo de informações, ao passo que a da existência pode restringir a prática da educação a uma experiência contemplativa e individualista.

Considerando o ponto de vista desse autor, concluo que é possível valorizar elementos das duas tendências, aproximando a prática educativa à vida concreta do ser-humano-ser-de-relações, isto é, um sujeito social e

---

[15] Existem outras análises; entre elas, uma que organiza a compreensão da pedagogia no ocidente partindo da filosofia socrática, em duas tendências (dentro da visão de essência): a *idealista* e a *realista*. A primeira se caracteriza pela supremacia das ideias é seguidora de Platão, em cuja filosofia se inspira Santo Agostinho. Para este pensador católico o conhecimento primariamente dependeria de uma inspiração externa – revelação divina. A concepção *realista* se caracteriza pela supremacia das coisas, e fundamentada em princípios de Aristóteles e inspirou Santo Tomás de Aquino, para o qual o foco da educação ficava mais voltado para o aprendiz, cuja transmissão se dava por um mestre detentor das verdades reveladas.

historicamente situado. Trata-se de buscar uma interação entre real e ideal referenciada na prática do presente, como uma pedagogia comprometida com a construção do futuro, mas ancorada no presente. Em vez de buscar a essência portadora da utopia de fora, é possível captá-la dentro do processo histórico no qual se desenvolve a educação, com possibilidades e limites. Assim, nós nos aproximamos da visão dialética que contextualiza a educação nos processos históricos, como unidade entre teoria e prática – práxis –, sem necessidade de negar o movimento da realidade para admitir o caráter da essência e nem negar esta última, para afirmar a dinâmica do real (cf. Saviani, 1986; 1996).

Com base nesta reflexão, a educação pode ser compreendida como uma atividade humana, socializadora, mediada pela experiência, onde educador e educando estão situados numa práxis social em que os acontecimentos históricos adquirem um potencial de mediação pedagógica. As condições objetivas interagem com as experiências e subjetividades dos sujeitos contribuindo para a mudança do *ethos*. Esta concepção identifica-se com a educação popular para a qual a relação intersubjetiva (sujeito-sujeito) com as condições objetivas oportuniza um processo dialético entre objetividades e subjetividades.[16]

Porém, como coadunar a concepção dialética com a "ontológica vocação de ser sujeito", nas palavras de Freire? Ao definir a educação libertadora, parte da "pessoa-como-ser-de-relações", um ser histórico, que produz cultura. Seu existir não se esgota em passividade. Ele herda a experiência adquirida. Cria e recria. Integra-se às condições do contexto. Responde aos seus desafios. Lança-se no domínio da História e da Cultura. Ou seja, os sujeitos historicamente situados são seres de possibilidades, inseridos na tensão entre o que eles já são e o que eles podem ser a partir das chances de seu mundo histórico específico (Oliveira, M., 1997).

Freire (1978) distingue radicalmente dois tipos referenciais de educação: bancária e problematizadora. Enquanto a educação "bancária" inibe

[16] A base desta concepção firmada por Freire identifica-se com a visão marxista original, uma releitura não positivista-estruturalista que descaracterizou o marxismo (Gadotti, 1995).

a criatividade, domestica a consciência negando os homens na sua vocação ontológica e histórica de humanizar-se, a educação problematizadora se funda na criatividade, estimula a reflexão e a ação sobre a realidade, respondendo à sua vocação. A primeira serve à dominação; a segunda, à libertação, porque parte do caráter histórico e da historicidade dos homens, seres inacabados, inconclusos. É na consciência da sua inconclusão que se encontram as raízes da educação como processo permanente. "O fatalismo cede, então, seu lugar ao ímpeto de transformação e de busca, de que os homens se sentem sujeitos" (*op. cit.*, p. 85). Para a educação problematizadora, o importante está em que os oprimidos submetidos à dominação lutem por sua emancipação.

Como a educação pode contribuir para formar sujeitos históricos ativos capazes de viver sua humanidade, com ética, no contexto do atual mundo globalizado? Eis a questão que resume a relação entre educação e visão de ser humano. Considerando que o "homo" é único e múltiplo, singular e plural, cotidiano e histórico, e, ao mesmo tempo, físico, vital, mental, psíquico, material e espiritual, individual e social, estamos afirmando que ele é um ser evolutivo e educativo, em construção (ARRUDA, 2003). É um ser de relações consigo mesmo, com a natureza, com cada pessoa, com a sociedade e a humanidade enquanto espécie. E, neste processo, como sujeito histórico, vivencia os conflitos e contradições próprias da sua incompletude. Pela capacidade reflexiva, amorosa, criativa, ele pode transcender os condicionamentos naturais e sociais presentes no seu contexto de vida. Ou seja, o ser humano é intrinsecamente contraditório na medida em que carrega dentro de si uma dupla potencialidade: o egoísmo (agressividade) e o altruísmo (bondade).[17] Destaca-se dos demais seres pela sua capacidade de amar e odiar, cujas tendências podem ser mais ou menos desenvolvidas, dependendo das condições da realidade

[17] Edgar Morin (2002, p. 58) afirma que "o ser humano é complexo e traz em si, de modo bipolarizado, caracteres antagonistas: *sapiens* (sábio) e *demens* (louco) [...]", que nele convivem sem que se possa anular totalmente um deles. A mesma contradição está presente na argumentação de Leonardo Boff (2002).

objetiva e dos processos educativos (informal, não-formal e formal) de que tem oportunidade de participar.

Ilustro essa compreensão sobre a realidade humana com a história contada por um índio de uma tribo colombiana (cf. Silva *et al.*, 2003):

> *– Dentro de cada homem, seja branco, seja vermelho, seja negro, existem dois cães que brigam o tempo todo. Um deles é manso, o outro é raivoso. Os dois querem sair vencedores, porém isso é impossível. Nessa luta, apenas um deles alcançará a vitória.*
>
> Perguntado sobre qual deles sairia vencedor, o índio respondeu sabiamente:
>
> *– Aquele que for mais bem alimentado.*

Mas quem alimenta "os cães" e como se alimentam? O "alimento educativo" depende não somente da boa vontade de um educador, mas também do próprio educando e do contexto objetivo, isto é, das estruturas materiais e imateriais que o condicionam. Neste aspecto, vale ressaltar a dialética entre o biológico e o sociocultural (Boff, 2002). Ou seja, a cultura incorporada é resultante de uma construção social-histórica, como, por exemplo, o androcentrismo, que se caracteriza por relações de dominação entre os sexos, juntamente com a divisão social e sexual do trabalho. Os processos educativos se dão em meio a uma íntima e tramada relação com o ambiente da crise global em que vivemos: o modo de produção capitalista, a cultura do patricarcado, a razão instrumental que separa sujeito-objeto, o modelo de tecnociência destituído de sentido ético e destruidor da natureza, entre outros aspectos.

No processo de (re)produção social que se estabelece, não há como controlar a relação determinação-autonomia dos sujeitos, nem é possível eliminar ou isolar magicamente a influência das estruturas, na medida em que a subjetividade humana é produzida na materialidade da vida social, ou, como afirmamos acima, numa relação dialética entre objetividade e subjetividade.

Marcos Arruda (2003, p. 211-223), fundamentado em Humberto Maturana e Teilhard de Chardin, para afirmar que o ser humano é preponderantemente um ser amoroso, busca uma conjugação entre a visão materialista e a idealista, enfatizando a dimensão biológica: "[...] o amor é uma lei natural e não um postulado moral; o sentido do amor emerge naturalmente da própria evolução". Fundamentado em pesquisadores reconhecidos,[18] sob o ponto de vista dos estudos da biologia, Arruda infere que o amor e a cooperação intencionalmente assumidos pelos humanos são a base da evolução e da vida. Cresce o número de autores que destacam o amor como fonte da socialização, e não o contrário (MATURANA e VARELA, 2002). Sob este ponto de vista, a competição é considerada antissocial, porque implica a negação do outro, a recusa da partilha e do amor (BOFF, 1999).

Nessa concepção, com a contribuição da educação, seria preciso resgatar o caminho natural da evolução edificando seres cooperativos, solidários e amorosos. Há aqui a possibilidade de uma articulação entre *essência* e *existência*, relacionando fatores ontológicos, elementos sociais e histórico-culturais. Mas desta concepção "naturalista-inatista" (cf. LIBÂNEO, 2002), que se caracteriza pela primazia dos fatores biológicos na formação humana, pode derivar uma compreensão que minimiza a finalidade da educação. Ou seja, havendo tendências inatas determinadas no ser humano, "basicamente prontas desde o nascimento", qual seria o lugar da educação? Cabe evitar as dicotomias das visões que dão todo o poder à educação ou, ao contrário, que desqualificam e não acreditam na sua contribuição!

Por vezes, as concepções inspiradas em fundamentos de heranças religiosas e filosóficas idealistas podem assumir a perspectiva da essência a partir de um ontológico etéreo. Os aspectos reconhecidos como inerentes ao ser humano, como dignidade, amorosidade e igualmente estão perme-

---

[18] Marcos Arruda (2003) estabelece um diálogo com autores como Sri Aurobindo (historiador e místico indiano), Teilhard de Chardin (biólogo, antropólogo, geólogo e teólogo), Carl Jung (psicólogo suíço), Humberto Maturana (biólogo chileno), Francisco Varela, Leonardo Boff (teólogo da libertação), Karl Marx e outros. Conclui (p. 211-212) que a economia capitalista e toda economia centrada na acumulação do capital se afastam do caminho evolutivo, porque jogam as pessoas, empresas e nações umas contra as outras. Por isso, buscando resgatar o caminho natural, propõe uma educação amorosa para formar seres cooperativos, solidários e amorosos, estimulando os valores da cooperação, reciprocidade, partilha, complementaridade e solidariedade.

ados pelo contraditório, próprio da natureza humana. Por isso, a visão utópica do humano não pode ofuscar a dimensão ambivalente, elemento intrinsecamente presente na realidade individual e social da qual são parte os sujeitos historicamente situados.

A solidariedade e a competição "coexistem", e o processo educativo pode contribuir para fortalecer uma ou outra tendência, dependendo da sua maneira de agir em cada contexto. Ou seja, a (de)formação estará sempre influenciada pelos valores contraditórios decorrentes de condicionamentos estruturais históricos, materiais e imateriais da sociedade. De outro lado, como não há determinismo biológico ou histórico (Freire, 1976, 2000, 2004), a utopia não deixará de nos lançar na ousadia de acreditar nos processos dialéticos entre os sujeitos individuais e coletivos, no processo de interação com as realidades objetivas, na intencionalidade de transformá-las.

Associo esta compreensão às mediações pedagógicas, enquanto dinâmicas intrinsecamente dialéticas entre as condições objetivas e a subjetividade produzida. A primazia dos processos materiais/sociais nas dinâmicas educativas pode realizar-se na relação valorativa de aspectos essenciais do ser humano que afloram nas condições contraditórias e complexas da vida. A educação – informal, não-formal e formal – pode contribuir, em maior ou menor medida, para desenvolver as potencialidades solidárias/cooperativas dos sujeitos envolvidos ou enfatizar mais a dimensão agressiva, individualista e de competição na convivência social condicionada por estruturas de concorrência.

Portanto, a formação de um *ethos* com características solidárias ou egoístas depende, ao mesmo tempo, do contexto da relação com os tipos de mediações pedagógicas que potencializam processos de socialização/educação. Concluo que, na sua contraditoriedade, o ser humano acomoda-se e resiste, conforma-se, adapta-se quando não vê saída e deixa-se motivar para engajar-se historicamente em processos de mudança.

1.3. Educação como sociabilidade

A educação pode ser diferenciada nos seus sentidos amplo e restrito. É o que elucida Carlos Libâneo (2002):

> Em sentido amplo, a educação compreende o conjunto dos processos formativos que ocorrem no meio social, sejam eles intencionais ou não-intencionais, sistematizados ou não, institucionalizados ou não. [...] Em sentido estrito, a educação diz respeito a formas intencionais de promoção do desenvolvimento individual e de inserção social dos indivíduos, envolvendo especialmente a educação escolar e extraescolar (p. 81).

Em mundos ou culturas diferentes, a educação acontece em múltiplos espaços e maneiras. Ela se inicia no núcleo familiar, estende-se para a comunidade e se realiza em todas as práticas sociais (Brandão, 1983). A socialização acontece nos processos permanentes que se realizam em diversos espaços da vida cotidiana através dos quais a sociedade organiza a integração de seus membros. Em toda parte existem redes e estruturas sociais de transferência de saber de uma geração a outra. A educação como socialização – este conjunto de formas vivas e comunitárias de ensinar-e--aprender – acontece em casa, na rua, na escola, na igreja, no trabalho, no lazer, enfim, em todas as relações que estabelecemos com os demais seres e ambientes humanos e naturais – socialização "primária" (educação informal). Mas ela acontece também pelas instituições escolares (educação formal) ou não-escolares (educação não-formal), sendo ambas reconhecidas como socialização "secundária". De alguma maneira, todos ensinam e todos aprendem, não havendo ninguém específico designado para tal tarefa. Os saberes fluem de quem detém mais saberes e experiências para quem teve menos oportunidade de aprender (saber e fazer) em determinado aspecto. "Esparramados pelos cantos do cotidiano, todas as situações entre pessoas e entre pessoas e a natureza – situações sempre mediadas pelas regras, símbolos e valores da cultura do grupo – têm, em menor ou maior escala, a sua dimensão pedagógica" (Brandão, 1983, p. 21).

Miguel Arroyo (1999) sintetiza esta compreensão afirmando que o processo das relações sociais na escola, na produção e formação do trabalhador, articula-se de forma complementar.

> Entretanto ele ficará enriquecido se incorporarmos estudos sobre o peso de outros tempos e vivências sociais e culturais; sobre a socialização na família, na cidade, na rua, nos espaços de lazer e cultura nos

> movimentos sociais, nos partidos e sindicatos, nas experiências juvenis etc.; nos espaços múltiplos instituídos, legitimados, ou invadidos e ocupados, em que reproduzimos nossa existência em cada ciclo de nossa vida social e cultural (p. 34).

A educação como sociabilidade, que acontece prioritariamente na socialização "primária", mas também nos meandros da educação não-formal e formal, pode ter destituído a escola como agente socializador por excelência, em função das rápidas e profundas mudanças ocorridas nos últimos anos, especialmente no âmbito das tecnologias da comunicação como a televisão e a teleinformática (Mejía J. e Awad, 2001).

O envolvimento direto do corpo, da mente e da afetividade – entre as diferentes e múltiplas situações de relação com a natureza e de trocas entre os humanos – é parte do processo pessoal de socialização que Brandão (1983) chama de *endoculturação*:

> Tudo o que existe disponível e criado em uma cultura como o conhecimento que se adquire através da experiência pessoal com o mundo ou com o outro; tudo o que se aprende de um modo ou de outro faz parte do processo de *endoculturação*, através do qual um grupo social aos poucos socializa, em sua cultura, os seus membros, como tipos de sujeitos (p. 25).

Com sentido semelhante, concluo que a socialização imprime, nos membros de grupos comunitários, étnicos, etários, profissionais ou outros, hábitos e costumes que constituem o *ethos*[19] dos sujeitos. Este *ethos*, por sua vez, garante as condições da aceitabilidade das pessoas em determinada sociedade, tendo como característica o potencial de adaptação e ação transformadora sobre a mesma. Nessa dinâmica, sempre se dão novos processos de socialização que modificam o *ethos* num processo dialético.

Por fim, vale considerar que, pelo fato de a socialização estar carregada das contradições relacionadas à cultura e às determinações de estruturas

---

19 Aprofundarei essa concepção a seguir.

historicamente construídas – em última instância, pelo modo de produção capitalista –, a educação está sujeita e condicionada a estas formas sociais características. Como tal, o resultado da socialização implica um processo de (de)formação por se dar nas mesmas condições de ambivalência.

1.4. A formação do *ethos*: Uma compreensão dialético-hermenêutica da educação

Porque certos trabalhadores carregam maiores ou menores disposições e interesses (cf. Bourdieu, 1996) em adotar estratégias coletivas para o enfrentamento dos seus problemas comuns? E, inversamente, numa compreensão dialética, como a experiência de trabalho associado, por exemplo, pode constituir-se uma mediação pedagógica para a produção de um novo *ethos* onde prevaleçam valores, saberes, posturas e práticas emancipatórios?

Para compreender as mediações pedagógicas do trabalho associado, valho-me do conceito de *ethos*, que tem relação direta com os processos de formação humana e as relações educativas que se estabelecem especificamente na vida cotidiana e nas relações sociais, de modo especial nas de produção. A experiência de vida é determinante na formação das disposições em relação ao mundo social. Em decorrência, o *ethos* possibilita uma forma rica de compreensão da formação dos sujeitos envolvidos em práticas de trabalho associado ou outras, tornando-se uma referência que atribui sentido a todas as aprendizagens.

Pressuponho que trabalhadores em situação de trabalho carregam consigo heranças resultantes de condicionamentos do contexto (limites ou determinações) em que construíram suas vidas. Os costumes, as experiências, os saberes, a visão de mundo de cada sujeito construídos no processo de socialização ou "endoculturação" caracterizam um *ethos* típico que carrega as marcas da trajetória de vida. Esta, por sua vez, influencia diretamente o nível de contribuição com que, por exemplo, cada trabalhador agrega para a constituição de um projeto individual e coletivo de trabalho e de vida. Dito de outra maneira, as condições materiais influenciam decisivamente na consolidação de referências socioculturais incorporadas em um *ethos* característico que, por sua vez, interfere implícita ou explicitamente nas práticas.

Retomando Aristóteles, Henrique de Lima Vaz (1988) detalha a origem das concepções de *ethos* que pode significar tanto costume – enquanto estilo de vida e ação – quanto hábito – como disposição constante para agir de uma determinada maneira. O *ethos* como lugar privilegiado de inscrição da práxis cria e atribui sentidos. O *ethos* como costume, isto é, na forma de se realizar na realidade histórico-social, constitui-se "princípio e norma dos atos que irão plasmar o *ethos* como hábito" (p. 15). A relação entre *ethos* como costume e como hábito desemboca na ação ética como lugar da liberdade.

Trata-se de uma relação que se encontra na interação entre indivíduo e sociedade. Através da prática social da educação, os indivíduos passam ao ser ético da existência cultural onde não há separação entre a educação para o *ethos* ou a função educadora do *ethos*. Se o indivíduo viesse depois de constituído o *ethos*, seria por ele determinado. Ou seja, nascendo no seio de um *ethos* já socialmente instituído, o indivíduo seria por ele envolvido e extrinsecamente condicionado. A relação *ethos* e indivíduo não pode ser pensada na lógica de uma antecedência linear. Trata-se, por excelência, de uma relação dialética entre objetividade e subjetividade.

Para Dussel (1977), o *ethos* como modalidade de habitar o mundo remete à forma habitual de comportamento, hábito ou costume. "O *ethos* é a maneira pela qual cada homem e cada cultura vive o ser" (p. 223). Ou seja, é um modo habitual, contínuo, de comportar-se, de ser no tempo. Daí deriva a noção de *ethos* como caráter, modo de ser, disposição ou atitude enquanto forma de estar ante o mundo, ante os outros: forma de ser-em-relação.

Juliana González (1996) destaca que o *ethos* revela a maneira de ser, que, por sua vez, depende de uma ação. Portanto, não é algo dado, mas criado, gerado pela própria ação e que sempre acontece num contexto sócio-histórico. Sendo assim, não se trata de um fenômeno meramente natural ou um sofrer passivamente um resultado. Por outro lado, "o *ethos* carrega a ideia de estabilidade, consistência, persistência, fidelidade a si mesmo e identidade temporal" (*op. cit.*, p. 11). Daí que *ethos* tem a ver com o caráter, a liberdade e postura ética de um sujeito histórico em construção estimulado por esta liberdade que não é exterior ao *ethos*, como este não é exterior ao indivíduo.

Vaz (1988) conclui, nesta direção, que a cultura é inseparável do *ethos* ou que a cultura é constitutivamente ética, em que um círculo dialético une a universalidade do costume à singularidade da práxis. "A cultura tem, portanto, uma dimensão axiológica que é constitutiva da sua natureza e em virtude da qual ela define para o homem não somente um 'espaço de vida', mas, outrossim, um 'estilo de vida'" (p. 40). Compreensão semelhante podemos perceber em Paulo Freire, que, sem utilizar o termo *ethos*, enfatiza a incorporação da história, da cultura como elemento determinante para a nossa forma de conceber o mundo, ser e agir:

> Ninguém deixa seu mundo, adentrado por suas raízes, com o corpo vazio ou seco. Carregamos conosco a memória de muitas tramas, o corpo molhado de nossa história, de nossa cultura; [...] a lembrança de algo distante que, de repente, se destaca límpido diante de nós, em nós... (Freire, 1994, p. 33).

O *ethos* relaciona-se, portanto, com a forma fundamental de expressão da cultura, que é o saber construído na trajetória de vida, em que a sabedoria aparece como o lugar privilegiado de formação da linguagem do *ethos*. A sabedoria de vida apela para a vontade de manutenção das exigências essenciais da vida, "acima das flutuações do arbítrio individual" (Vaz, 1988, p. 43).

Salientando o aspecto simbólico, Vaz também destaca na cultura a vivência religiosa afirmando que é nesta dimensão que o *ethos* encontra a sua expressão cultural mais antiga e universal. Mesmo com a laicização das sociedades ocidentais, continua havendo a relação entre *ethos* e as expressões culturais simbólicas (entre elas, a religião). O conceito teve importância nas análises de Max Weber sobre o *ethos protestante*. Para o autor, a força dos preceitos éticos direcionou as energias humanas para a poupança e para o trabalho, resultando, em última análise, em um benefício para o capitalismo (cf. ALVES, 2000). Trata-se do *ethos* como modo de ser, concepção de mundo influenciada fortemente pela religião (cf. GEERTZ, 1978). O *ethos* está, pois, carregado de num sistema simbólico-cultural que estabelece poderosas, penetrantes e duradouras disposições e motivações que influenciam e condicionam uma visão de mundo.

Esta visão não descarta, mas também não destaca as condições materiais e históricas, como fatores determinantes para a existência e as características do *ethos*. Mesmo assim, vale a ênfase da perspectiva teórica destes autores, qual seja: a relação entre a evolução do capitalismo nascente, com o ambiente e motivação ideológica religiosa, sobretudo do protestantismo da época. Enquanto o catolicismo continuava condenando a riqueza e a usura (lucro), o *ethos* protestante, naquele momento histórico, era favorável ao empreendedorismo, à acumulação de bens e ao lucro.

Pierre Bourdieu (1992, 1996) destacou, igualmente, o sentido da religião – *habitus*[20] religioso – exercendo um poder simbólico capaz de assumir funções extrarreligiosas. Do jogo de forças entre diferentes interesses em determinado campo, onde se destaca o econômico, resultam estruturas (estruturadas/estruturantes) incorporadas pelos agentes[21] sociais (aqui o equivalente ao *ethos*). Estas estruturas incorporadas tornam-se "matrizes" geradoras de pensamentos, percepções e ações. De outro lado, Bourdieu afirma a dimensão dialética ao compreender que diante de no-

[20] Bourdieu (1992) compreende o *habitus* como um "sistema de disposições duráveis" e não obstante flexíveis, numa relação dialética entre uma estrutura e uma conjuntura – "estruturas estruturadas-estruturantes", em que o *habitus* se constitui numa mediação entre as estruturas e práticas. Embora haja grande semelhança entre os significados, optei por utilizar *ethos* pelo consenso maior em torno do seu caráter dialético. A acepção de *habitus* tem sido compreendida por muitos teóricos como um conceito estruturalista, mesmo que o próprio Bourdieu tenha reafirmado veementemente que essa é uma interpretação errônea de sua teoria. "Minha única participação no debate estruturalista é um texto de postura antiestruturalista bastante nítida a respeito do campo intelectual [...] e, portanto, é preciso estar mal-intencionado ou apenas mal-informado, para situar-me entre os 'estruturalistas'" (BOURDIEU, 2005, p. 103-104).

[21] Bourdieu prefere usar "agente social" como aquele que age, que participa com sua ação material e simbólica, a "sujeito", que, pela sua origem latina, tem um sentido de "posto debaixo", escravizado, que se sujeita à vontade de outros, obediente, dócil, dependente, submetido [...] (cf. ADAMS, 2001).

vas condições – de interações ou rupturas[22] – que permeiam as relações socioambientais, embora com certa resistência à mudança, podem ser geradas mudanças estruturais.[23] Estabelecendo relações com o conceito de *habitus* de Bourdieu, Gaiger (1997) enfatiza que o *ethos* compreende aquela sabedoria implícita, aquelas referências, estruturas mentais adquiridas ao longo de um itinerário de vida, organizadoras dos sentidos e das condutas adotadas pelos indivíduos ou grupos.

Em síntese, os costumes, as experiências, os saberes, a visão de mundo de cada sujeito têm por base um *ethos* típico que carrega as marcas da materialidade da vida construída numa relação dialética entre objetividade e subjetividade. Com base nos autores acima referidos, o *ethos* caracteriza-se como uma matriz que constitui o caráter pessoal ou o modo cultural, estilo de vida e ação. Atua como uma sabedoria implícita que remete simultaneamente ao sistema de crenças, um modo de compreensão, de postura perante o mundo e consequente modo de agir. Em outras palavras, o *ethos* se expressa através de um modo habitual, contínuo de comportar-se como ser-em-relação, diretamente relacionado ao caráter, à liberdade e postura ética de sujeitos em construção. A utilização de expressões como *ethos* religioso, cultural, comunitário ou outras adjetivações expressa dimensões ou elementos característicos do mesmo *ethos*.

Concluo que, possivelmente, o *ethos* de origem dos integrantes de um grupo social exerça influência decisiva no maior ou menor vínculo entre a identidade e projeto comum, entre concepção do mundo e ação sobre o mesmo. Evitando a dicotomia que restringe a dimensão estrutural ao econômico como único determinante ou, no sentido contrário, desconsidera totalmente sua influência enquanto condicionante da vida, deduzo que a estrutura exterior ou incorporada não determina tudo

---

22 Refiro-me a fenômenos ou acontecimentos excepcionais, não comuns à vida cotidiana, que geralmente colocam as pessoas frente a situações de grande tensão ou perturbação existencial (física, afetiva ou cognitiva).

23 Utilizo a estrutura, na acepção de Bourdieu, como a parte invariante do conjunto de elementos, parte de um todo, de caráter material ou simbólico, individual ou social, e que se constitui em arcabouço que sustenta uma "construção".

nem impossibilita ações estratégicas de mudanças. Deste modo, o *ethos* exerce um papel de manutenção e, ao mesmo tempo, de mudança sobre as realidades objetivas, numa permanente tensão entre a conservação e a alteração dele próprio.

As mediações pedagógicas intrínsecas ("espontâneas" – informais) ou extrínsecas (metodologicamente planejadas por agentes educadores em processos de educação não-formal ou formal) atuam nestes "interstícios" da dinâmica social. Neste processo, podem proporcionar, na prática cotidiana, a mudança do *ethos*, por exemplo, superando elementos de apropriação ou de exploração da natureza e do trabalho e em seu lugar consolidar valores que fortaleçam um paradigma de *cuidado*, de convivência solidária. No campo da educação popular e da economia popular solidária, de modo especial nos empreendimentos de trabalho associado, cultivam-se relações não passivas ou adaptadoras, podendo contribuir diretamente para a mudança do *ethos* individual e coletivo, o que implica novas concepções, posturas e práticas dos sujeitos.

1.5. Mediações pedagógicas: Sentidos de uma concepção metodológica

Relaciono as mediações pedagógicas à compreensão de educação como projeto pedagógico que "engravida" constantemente corações, mentes e corpos com motivações, saberes e capacidade crítica; e isso no plano individual e coletivo. Tal visão política implica ação individual e coletiva sempre crítica, esperançosa, desacomodadora, provocadora e inquietante que diz "não" ao conformismo (Freire, 2000, 2004). Nesse sentido, mediação tem relação com método compreendido como sistema de relações geradoras de um conjunto de passos flexíveis que acontecem nos processos educativos.

O termo mediação tem sido utilizado com uma imagem jurídica relacionada, originariamente, às terapias familiares. Na lógica jurídica, há sempre um terceiro elemento, um mediador neutro, o juiz que intervém para eliminar o conflito. Acepção semelhante assume o sentido de mediação social em práticas sociais que têm uma função preventiva na sociedade, no sentido de evitar o conflito, o fratricídio.

Mediação carrega o sentido de mediador: "aquele que medeia ou intervém; medianeiro, mediatário, intermediário, intermédio".[24] A mediação supõe um "instrumento mediante, que medeia, intervém, serve de auxílio; por meio de, servindo-se ou valendo-se de [...]". Trata-se de ações/relações nas quais contamos com um terceiro elemento "mediato" que está na relação: pessoa(s), fato(s) ou coisa(s), situações objetivas intermediárias que permitem uma relação dinâmica e interdependente entre subjetividade e objetividade; não linear, mas contraditória, dialética.

Diferentemente da concepção jurídica, no plano cognitivo as mediações, em vez de abafar ou evitar os conflitos, tornam-se tanto mais pedagógicas quanto mais potencializados forem seus elementos para gerar aprendizados, novas compreensões, posturas ou atitudes.[25] Mediação assume o sentido de "gestão" ou valorização pedagógica criativa dos conflitos e das heterogeneidades e de todos os elementos gerados pelas práticas sociais. Na acepção de Freire, o mundo – a materialidade da vida – é mediação para a geração de processos educativos.

Desde a ótica filosófica, Enrique Dussel afirma (1980, p. 35): "Mediações são aquilo que empunhamos para alcançar o objetivo final da ação". Quando as pessoas agem, elas o fazem, mesmo que no nível mais espontâneo, com maior ou menor grau de intencionalidade presente, potencializada, ou não, por mediações pedagógicas extrínsecas (motivações externas) e intrínsecas (motivações internas). Nesses meandros, entra a questão da liberdade, quando o ser humano pode escolher entre possibilidades, já que nenhuma mediação realiza totalmente o projeto humano.

24 Novo Dicionário Aurélio.

25 Segundo José Alberto Corrêa (2005), há uma conflitividade presente, sempre em disputa, que pode potencializar um processo de construção de saberes que contribuem na transformação social. As práticas sociais podem constituir-se em dispositivos de mediação dos conflitos sociais. Mas isso não significa negar e retirar-lhe o ingrediente conflitivo presente, mas sim assumi-lo como mobilizador de compreensões e novos aprendizados. Seminário realizado pelo PPG em Educação – UNISINOS, nos dias 22 a 24 de agosto de 2005, com o tema: Elementos para uma crítica da ideologia da inclusão no campo educativo.

"Escolher livremente não consiste em poder determinar absolutamente as mediações. Mas o ser humano também não está totalmente determinado pelas condições objetivas. Ele é livre e ao mesmo tempo historicamente condicionado" (Dussel, 1980, p. 45).

Nessa linha, John Dewey (1979) fazia a distinção entre seres vivos e inanimados. Os primeiros buscam manter-se vivos pela renovação, retirando energia do ambiente, transformando os elementos utilizados (luz, ar, umidade, matérias do solo) em meios para seu próprio crescimento. No caso de seres humanos, a interação igualmente se dá com o ambiente físico e social onde a vida se renova em suas crenças, ideais, esperanças, venturas, sofrimentos e hábitos. O processo educativo não se realiza pela transmissão direta de convicções, emoções e conhecimentos.[26] Ele se efetua por intermédio do meio condicionante em relação ao qual os sujeitos interagem, nas relações sociais que se estabelecem.

A partir daí infiro que o estágio inicial do ato da construção de conhecimento passa pela mediação da experiência, com destaque ao trabalho.[27] Ou seja, a sua incorporação passa, ao mesmo tempo, pelo corpo (sentidos – emoções) e pela (auto)consciência, enquanto postura ético-política. É nesse processo de construção social do ser humano que as mediações pedagógicas contribuem decisivamente para a formação do *ethos* característico de acordo com o ambiente sociocultural e ambiental em que cada qual se constitui na socialização. Desta maneira é possível concluir que a experiência anterior, as heranças culturais decorrentes do ambiente social,

[26] Para Anísio Teixeira (inspirado por Dewey), que, por sua vez, influenciou Paulo Freire, não se aprendem apenas ideias ou fatos, mas também atitudes, ideais e senso crítico. Teixeira e outros educadores brasileiros foram os defensores do movimento da escola nova: um sistema de ensino livre, estatal, com universalização da escola pública, laica e gratuita como meio fundamental para o combate das desigualdades sociais.

[27] Nesta perspectiva, cabe valorizar o conceito de omnilateralidade. Marx recuperou a ideia de homem integral em Aristóteles, segundo a qual a educação tem por finalidade o desenvolvimento de todas as potencialidades humanas, pré-existentes, inatas ao ser humano. Diferentemente deste, porém, para Marx, omnilateral não significa desenvolvimento de potencialidades humanas inatas, mas criação dessas potencialidades pelo próprio ser humano, no trabalho. A educação constitui-se, nesta concepção, um fenômeno vinculado à produção social, como produto e produtor da sociedade (Gadotti, 1995).

as formas de socialização originaram o *ethos* individual que, por sua vez, contribui decisivamente para a composição das mediações pedagógicas[28] nas práticas de trabalho associado.

A mediação provocada por condições materiais é possibilidade para uma socialização permanente que se converte em aprendizados (Mejía e Awad, 2001). A educação popular, especialmente com a contribuição de Paulo Freire (1976, 1978), possibilitou entender os condicionamentos, os problemas individuais e coletivos, como mediações pedagógicas privilegiadas. Entre as diversas mediações pedagógicas apresentadas em *Pedagogia do Oprimido*, talvez a mais evidente seja a das palavras geradoras/temas geradores[29] que são configuradas em situações existenciais didaticamente codificadas para facilitar a "ad-miração" da experiência vivida e decodificada. As "*situações-limites*"[30] não são barreiras insuperáveis, mas tornam-se "percebidos destacados", como dimensões desafiadoras de "*atos limites*" em vista da superação e não aceitação passiva para chegar ao "*inédito viável*". Mas chamo atenção para a insistência de Freire (1976): trata-se de uma mediação "que não existe fora das relações homem-mundo" (p. 106), nas situações históricas em que se dão as "situações-limites".

Analisando a obra *Pedagogia do Oprimido*, Freire aponta como mediações pedagógicas fundamentais:

---

[28] Aqui vale uma relação com a psicologia para qualificar o argumento. Tanto em Vygostky quanto em Henri Wallon é possível associar a construção de um *ethos* individual na relação com o coletivo (convivência cultural de um determinado grupo), bem como o processo educativo que se dá por mediações oportunizadas pela materialidade da vida. Esta ideia de *mediação* aproxima-se da compreensão de Vygotsky. "Enquanto sujeito de conhecimento, o homem não tem acesso direto aos objetos, mas um acesso mediado, isto é, feito através dos recortes do real operados pelos sistemas simbólicos de que dispõe" (Oliveira, M. K., 2002, p. 26).

[29] Temas geradores porque, independentemente da natureza de sua compreensão e da ação por eles provocada, pode desdobrar-se em outros tantos temas que, por sua vez, provocam novas tarefas a cumprir (Freire, 1978, p. 110). Na etapa da alfabetização, a educação problematizadora busca e investiga a "palavra geradora"; na pós-alfabetização, busca e investiga o "tema gerador" (idem, p. 120).

[30] Freire aproveita o conceito do Prof. Álvaro Pinto com uma compreensão não pessimista tal como o concebia o filósofo Karl Jaspers originariamente.

a) a própria opressão e suas causas quando como objeto de reflexão dos oprimidos cujo resultado será o seu engajamento na luta por sua libertação;
b) a pesquisa numa metodologia dialógica própria da educação libertadora;
c) o diálogo como lugar do encontro e reencontro das consciências onde o mundo se torna a mediação (*op. cit.*, 1976, p. 94-96);
d) a contribuição de líderes ou educadores revolucionários (humanistas) que favorecem o desenvolvimento do potencial criador das mulheres e homens;
e) a inserção crítica, isto é, a práxis, sem dicotomia entre reflexão e ação: a reflexão deve conduzir à prática, e o momento da ação se torna autêntica práxis se o saber dela resultante se faz objeto da reflexão crítica;
f) a problematização das relações com o mundo coerente com a dialogicidade na essência do ato educativo.

Freire (1976, p. 67-68) alerta, ao mesmo tempo, para aspectos limitantes das mediações pedagógicas: a sectarização, o medo da liberdade, a prescrição, a racionalização, o fatalismo, a autodesvalia dos oprimidos, o ativismo ou intelectualismo, a educação bancária, a ação social de caráter paternalista, a atuação de lideranças carismáticas populistas e dominadoras. "Na prática problematizadora, vão os educandos desenvolvendo o seu poder de captação e de compreensão do mundo que lhes aparece, em suas relações com ele [...] como uma realidade em transformação, em processo" (Freire, 1976, p. 82). Enquanto a educação "bancária" inibe a criatividade, domestica a consciência negando os seres humanos na sua vocação ontológica e histórica de humanizar-se, a educação problematizadora se funda na criatividade, estimula a reflexão e a ação sobre a realidade respondendo à sua vocação.

Concretamente, as mediações pedagógicas constituem-se práticas sociais como fontes e meios construtores de sociabilidades e saberes, especialmente quando os sujeitos envolvidos assumem uma postura reflexiva sobre os contraditórios e interativos processos vividos. O potencial das mediações se amplia na medida em que as práticas interagem com os diferentes espaços estruturais[31] da vida cotidiana, tanto no nível local como no mais amplo, num ambiente de globalização.

A reflexão acima me permite concluir que mediações pedagógicas são constituídas por contextos, circunstâncias, processos sempre relacionais, sejam eles conflitivos ou de complementaridade solidária. São práticas sociais, incluindo as pedagógicas, com maior ou menor grau de intencionalidade e intervenção problematizadora, crítica e propositiva, com aporte de elementos (in)formativos e (des)veladores de contradições da vida real, geradoras de estímulos ou rupturas que resultam em aprendizados, como formação humana ou técnico-profissional ou formação de um novo *ethos*.

Na economia popular solidária, as mediações pedagógicas compreendem as relações, interações provocadas por condições materiais (condições objetivas favoráveis ou desfavoráveis a determinados tipos de aprendizados). As atividades do trabalho constituem-se mediações intrínsecas (não-intencionais) ou "espontâneas", e como tal são formadoras do ser humano. Ao mesmo tempo, as mediações intencionais (interação com as condições subjetivas) envolvendo a própria experiência, como é o caso do trabalho associado, podem ser o ponto de partida para outras mediações pedagógicas construtoras de um novo *ethos* emancipador. Ou seja, o ponto de partida é o saber prático da atividade do trabalho, e o ponto de chegada, a instauração de novas práticas.

Na complexidade das dinâmicas interdependentes, contraditórias e dialéticas, estabelecem-se caminhos, motivações ou referências provocadas por condições intrínsecas a essas práticas sociais e que possibilitam o desenvolvimento de práticas pedagógicas planejadas desde a ótica transformadora das realidades desumanas. Em meio ao empenho individual e coletivo, suscitam aprendizados com vistas a potencializar uma *práxis* emancipadora. As experiências mediadoras brotam das condições sentidas como neces-

---

[31] Boaventura Santos (2002b, p. 273) apresenta um mapa de estrutura-ação das sociedades capitalistas no sistema mundial constituído por seis espaços estruturais: o doméstico, o da produção, o do mercado, o da comunidade, o da cidadania e o espaço mundial.

sidades, desejos, esperanças (sonhos/utopias) que possibilitam processos de socialização, construção de saberes e mudanças do *ethos*, cujo resultado pode traduzir-se em novas posturas e atitudes individuais ou coletivas. É o que denomino de mediações pedagógicas emancipadoras.

1.6. Emancipação social: Educação para um outro mundo possível?

Se as mediações pedagógicas não necessariamente são emancipadoras, na concepção e prática da educação popular, conforme busquei argumentar até aqui, assumem claramente esta perspectiva como projeto político-pedagógico. A palavra emancipação tem origem no termo latino "*emancipare*", composto por "*ex*", que significa: fora de, não mais...; e "*mancipium*", que significa escravo, indivíduo dependente. Portanto, emancipar significa liberdade concedida, adquirida ou conquistada. "Durante séculos, o termo foi usado para se referir a situações individuais ou de pequenos grupos" (Cattani, 2003, p. 130).

Emancipar-se significa, na presente análise, livrar-se do poder exercido por outros, aceder à maioridade de consciência, capacidade de conhecer e reconhecer as normas sociais e morais. Neste sentido, emancipação social vincula-se a autonomia individual ou coletiva. É o contrário de dependência, submissão, alienação, opressão, dominação, falta de perspectiva. Sugere um sujeito coletivo capaz de atuar com autonomia e liberdade (Thiollent, 2006), e não concessão de quem quer que seja.

Emancipação torna-se um conceito mais amplo e dinâmico a partir da Revolução Francesa. Mas sua utilização esteve historicamente relacionada com as independências das colônias, no sentido da emancipação política. Com a modernidade passaram a vigorar as ideias de progresso, de desenvolvimento, que mobilizaram por projetos as sociedades conduzidas pelas novas elites do capitalismo nascente. Rapidamente a exploração do trabalho fez surgir forças sociais que passaram a lutar pela universalização de direitos e pela superação da luta de classes. Em diferentes contextos históricos, a emancipação social assumiu distintos sentidos: autoemancipação proletária, sociedade autogerida, sociedade dos trabalhadores livremente associados, socialismo. Atualmente, com objetivo difuso, no contexto educacional, a busca de emancipação relaciona-se à luta por justiça reivindicada pelas pessoas que sofrem as consequências da desigualdade social. Por isso, justifica-se a expressão "emancipação social", que inclui a dimensão educativa. Vai nessa linha o argumento de Thiollent (2006):

> Uma ação educacional com propósito emancipatório é um desafio às leis de reprodução social, gerando transformações sociais a partir do fato de as camadas desfavorecidas terem acesso à educação, não apenas acesso ao vigente conhecimento elitizado, mas sobretudo condição de construir conhecimentos novos, em termos de conteúdos, formas e usos (p. 161-162).

Distingo emancipação de cidadania. A emancipação das classes marginalizadas e oprimidas, de acordo com a proposta da educação popular frente à atual crise civilizacional (Paludo, 2001), inclui a dimensão subjetiva, social, cultural, política e econômica. Emancipação social vai além da cidadania política – emancipação política – tal como ela é praticada nas democracias formais que se aperfeiçoam na prática da participação política, mas, ao mesmo tempo, geram fossos de desigualdades cada vez mais profundos no interior das sociedades e entre os países.[32]

Nas sociedades capitalistas, a cidadania alcança a máxima posição de direito jurídico formal controlado pelo setor privado que detêm o poder do capital não chegando a atingir a dimensão econômica e social. Por mais direitos que o cidadão tenha e por mais que estes sejam aperfeiçoados – realidade hoje nem mais possível nos países do Norte –, a desigualdade,

---

[32] A perspectiva da cidadania no caso brasileiro carrega as heranças de um Estado patrimonialista e clientelista que alimentou uma cidadania tutelada ou assistida (Demo, 1995). Segundo o autor, "por conta da reprodução da pobreza política das maiorias, não ocorre suficiente consciência crítica e competência política para sacudir a tutela. (...) Entretanto, ao preferir assistência à emancipação, colabora também na reprodução da pobreza política, à medida que, mantendo intocado o sistema produtivo e passando ao largo das relações de mercado, não se compromete com a necessária equalização de oportunidades" (p. 6-7). A partir daí faço também a opção por emancipação social em vez de inclusão.

na sua raiz, jamais será eliminada. Além do mais, há uma barreira intransponível no interior da ordem social capitalista em que, individualmente, a cidadania é concebida como direito dos indivíduos mais capazes. A dimensão socioeconômica não está contemplada, a não ser como direção e sentido unilineares com base em conceitos fundamentados na lógica de progresso ilimitado.

Consequentemente, a busca pela construção de um mundo de cidadania solidária encontra-se absolutamente limitada, porque o liberalismo tende a confinar as possibilidades de inclusão ao horizonte capitalista. As relações capitalistas de trabalho negam o sentido ontológico do mesmo, impedem a emancipação social cujo horizonte é a vida libertada na sua integralidade. Nesta direção, emancipação social, consequentemente, não significa o aperfeiçoamento da cidadania (emancipação política), mas, sim, a sua superação para avançar rumo à "democracia-sem-fim" (Santos, B., 2002b), incluindo todas as dimensões da vida individual e social. Como processo dinâmico e contraditório em meio ao jogo complexo de relações na sociedade, "a emancipação social se manifesta nas lutas contra as normas arbitrárias, as hierarquias opressoras e promotoras da discriminação e da desigualdade" (Cattani, 2003, p. 134). Para isso, é fundamental o protagonismo da sociedade organizada que induz a uma construção integradora, coerente com a ideia de emancipação social, garantindo uma postura autônoma na relação com o Estado e o mercado. Estes são partes da sociedade e, como tal, devem ser por ela controlados, a partir dos espaços públicos estatais e não estatais.

Considero que dependemos de concepções "ocidentalcêntricas" e "nortecêntricas" que se pretendem únicas e podem levar a falsos universalismos. A análise de Cattani (2003) conclui que "para muitos autores vinculados à tradição marxista, a emancipação social aparece como resultado posterior aos processos revolucionários. Após a tomada do poder, as vanguardas promoveriam a socialização dos meios de produção" (p. 133). Proponho o conceito de emancipação social com um sentido mais abrangente (incluindo a relação local-global) e a partir de um outro paradigma de conhecimento inspirando-me na ideia de "reinvenção da emancipação social" (SANTOS, B., 2002b; 2006). Trata-se do resgate de valores e projetos da modernidade ainda não realizados, mas dentro de uma outra lógica que não a do desenvolvimento ou do progresso ilimitado, linear, de caráter antropocêntrico, característico da concepção de "emancipação" materializada no modelo capitalista e, de alguma forma, igualmente na prática do "socialismo real".

Por outro lado, a emancipação social continua valorizando o horizonte das concepções e ideais socialistas, como sentido mobilizador da luta contra a opressão e a perspectiva da construção de um "outro mundo possível" que beneficie os 2/3 da humanidade não contemplados nas atuais formas do "deus" mercado que subjuga as sociedades. Para tanto, entendo que é possível pensar uma emancipação social como processo contraditório em construção, fora de conceitos do progresso ilimitado alimentado pela ganância do lucro a qualquer preço que tem suas bases filosóficas assentadas na monocultura[33] universalista do conhecimento (teoria única) e do tempo linear.

A ideia de um outro mundo possível, consagrada a partir das oito edições do Fórum Social Mundial, possibilitou questionar concepções fechadas de sociedade futura que se colocam como modelo único a ser instalado a partir da tomada do poder por uma vanguarda "iluminada". "Não há emancipação, há emancipações; e o que as define como tal não é uma lógica histórica, são antes critérios éticos e políticos" (SANTOS B., 2006, p. 44). Assumindo valores essenciais do socialismo, a ideia de emancipação social talvez esteja menos "carregada" politicamente e mais centrada em processos do que em estágios finais de transformação social como normalmente a acepção do termo socialismo tem adquirido em certas visões

[33] Como o próprio termo já diz, monocultura significa cultura única. No sentido aqui utilizado, refere-se a concepções que se entendem absolutas, como verdade única. Por exemplo, na monocultura dos critérios de produtividade, a economia popular solidária é desclassificada, declarada inexistente, "ausente" (cf. SANTOS B., 2004) pela lógica do lucro. Assim existem outras monoculturas como a do saber (científico, técnico...), do tempo linear, da religião (quando assume a postura fundamentalista ou se coloca como a única verdadeira) e outras.

deterministas.[34] Daí a necessidade e possibilidade de pensar a emancipação social na perspectiva do ecossocialismo na interação dialética e hermenêutica com as práticas emancipadoras, fora dos conceitos de progresso, desenvolvimento ou modernização, inclusão social (tornar-se consumidor de produtos do mercado capitalista). Para tanto se faz necessário enfrentar as monoculturas que se estruturaram historicamente e influenciam as formas de pensar e agir individuais e coletivas.

Em síntese, os sentidos essenciais de emancipação social implicam questões como:

1) socialização dos meios naturais e tecnológicos de produzir e reproduzir a vida em sintonia solidária com as condições da natureza, compreensão esta que contempla, ainda, a apropriação social do processo de gestão da tecnologia e produção científica de ponta para que esteja a serviço de toda a humanidade; diferentemente da gestão capitalista, onde uma minoria hoje a manipula para fins de lucro e dominação;

2) superação da dimensão opressora e alienante do trabalho – e não a abolição do mesmo como pregam certas correntes de pensamento – valorizando processos coletivos para que os sujeitos, socialmente, conquistem a autonomia solidária através do trabalho associado;

3) associativismo livre, com responsabilidades e oportunidades iguais para fins comuns com base numa ética de solidariedade e sustentabilidade socioambiental que se expressa na relação de convivência e cuidado com todos os seres da Terra e do cosmos;

4) vivência de relações igualitárias e democráticas de gênero, sem as discriminações de minorias ou maiorias étnicas, sexuais, culturais;

5) reinvenção do Estado, fortalecimento da sociedade civil para que tenha condições de exercer o controle social sobre o público, políticas pú-

34 Boaventura Santos observa a posição de muitos movimentos do Sul de que "não é preciso colocar rótulos gerais nos objetivos e nas lutas. Os rótulos correm o risco de se afastarem das práticas que os originaram, adquirindo uma vida própria e dando assim lugar a resultados perversos" (2006, p. 422).

blicas estruturantes capazes de superar a desigualdade social, democracia participativa e uma economia social voltada para a qualidade de vida de toda a sociedade;

6) realização de uma formação para a autonomia que não se restrinja ao nível individual, mas que exija a democratização da construção do conhecimento intricado nas dimensões econômicas, sociais, políticas, culturais e espirituais, com vistas a superar desigualdades e processos de exclusão.[35]

Do ponto de vista da educação popular, o caminho da emancipação social passa pelo mundo real e concreto das condições de vida, de trabalho, dos desejos e necessidades para que a atividade do trabalho seja ainda mais potencializada como instância de formação humana. Em decorrência, os trabalhadores associados precisam dominar operações básicas para fazer contas, avaliar o atual quadro econômico, projetar metas de produção e comercialização que garantam a remuneração pretendida e a manutenção da unidade produtiva, conhecimento sobre os meios de produção (máquinas, equipamentos...), desenvolvimento tecnológico etc. Como atores protagonistas do processo de trabalho, deverão ser

> capazes de compreender os princípios fundamentais da gestão, tendo acesso aos conhecimentos necessários que lhes permitam também questionar, opinar, propor mudanças, enfim, decidir sobre qual é o tipo de gestão administrativa, financeira, jurídica que melhor coincide com os interesses coletivos (Tiriba, 2001, p. 223).

---

[35] Distingo desigualdade e exclusão, compreendendo a primeira como um fenômeno socioeconômico, que se dá pela integração subordinada como forma de pertença a um sistema hierárquico (Martins, 1997; 2002). Quem está "embaixo" na pirâmide social é indispensável. Segundo Marx, o grande princípio de integração social na sociedade capitalista se assenta na desigualdade entre capital e trabalho, com base na exploração dos trabalhadores. Já a exclusão é um fenômeno centrado mais no caráter cultural e social, que se assenta num sistema igualmente hierárquico, mas dominado pelo princípio da segregação. Quem está "embaixo" está fora. Normalmente os grupos sociais inserem-se nos dois sistemas, em diferentes combinações (Santos, B., 2006).

Os vínculos entre trabalho, educação e economia são um campo fértil de mediações pedagógicas emancipadoras. Se a pedagogia é uma prática social, um movimento que articula saberes e conhecimentos, ela "pode e deve ser um instrumento poderoso para que sejam elaboradas estratégias, as quais venham contribuir com a realização de novos modos de se produzir e construir novas relações em sociedade" (Peixoto Filho, 2004, p. 51). Para os trabalhadores, o sentido da educação está mesmo no desafio de se tornarem "donos" do seu próprio trabalho. E o trabalho associado pode estar se apresentando como estratégia de sobrevivência, como estratégia de vida e como projeto de sociedade (Razeto, 1990).

Por fim, vale considerar que o ambiente social contraditório de disputa entre diferentes forças da sociedade e relações solidárias de doação, cooperação e reciprocidade é o espaço de afirmação de uma cultura do capital e, ao mesmo tempo, de construção e consolidação de uma nova cultura do trabalho. Em meio à teia de relações que se estabelece é possível valorizar mediações pedagógicas que apontem para a emancipação dos trabalhadores. Nesta perspectiva, está aberto o caminho para construir um paradigma societal, com base no cuidado-reciprocidade, e não na exploração. Com base nos potenciais educativos dos espaços de trabalho associado, é possível compreender os empreendimentos de economia popular solidária, apesar de sua fragilidade econômica e política, como instrumentos de abertura de caminhos para uma outra economia. A consolidação desta possibilidade é tanto maior quanto mais for potencializada a prática dos princípios da autogestão, com as mediações pedagógicas oportunizadas, no sentido de gerar um *ethos* favorável à vivência de novas relações sociais de produção e reprodução. Somado às lutas de outras forças sociais, o processo educativo poderá qualificar a contribuição das práticas sociais na construção gradativa da emancipação social.

1.7. Trabalho associado: Um espaço de formação e reprodução ampliada da vida

Historicamente, mais do que hoje, era pelo trabalho que, em grande parte, o ser humano construía sua identidade social e profissional no passado. Contudo, cada vez mais, em função das rápidas e profundas mudanças no mundo do trabalho, outros elementos começaram a fazer parte das mediações formadoras das identidades dos trabalhadores. Devido às exigências de reprodução defendida por grupos dominantes hegemônicos na sociedade, ampliaram-se as relações conflitivas no mundo do trabalho. Tais situações geraram acomodações, resistências, iniciativas e pressões individuais e coletivas de rearranjo da classe trabalhadora (Cattani, 1996; Antunes, 1997), oportunizando uma multiplicidade de espaços e novas dinâmicas educativas que hoje compõem o leque das mediações pedagógicas.

Como já afirmamos acima, a educação, com sua natureza política (não-neutra), realiza-se sempre por meio de múltiplas mediações encharcadas pela dimensão material da vida, de modo especial pela experiência do trabalho. Educação e trabalho, em meio às ambivalências próprias dos processos sócio-históricos, constituem-se uma experiência social repleta de mediações pedagógicas. Na acepção marxiana, o trabalho humano congrega toda a atividade produtiva e criativa de bens materiais e imateriais, produzindo assim o mundo, o próprio homem: a cultura. Ou seja, pode-se considerar que o trabalho envolve toda ação humana transformadora da natureza, sendo o seu resultado o mundo da cultura que tem um efeito recíproco que pode (des)humanizar o próprio ser humano – sujeito do trabalho. Nessa concepção, o trabalho não se restringe à ação produtora de mercadorias, mas abrange o "sentido mais amplo de toda ação criadora ou transformadora, que relaciona uma pessoa ou um grupo social consigo próprio, com outros e/ou com a natureza" (Arruda, 2003, p. 204). Pela atividade humana do trabalho, o ser humano se insere na experiência de participação ativa como sujeito social. "Trabalhar significa viver, sair do discurso e da representação para se confrontar com o mundo" (Cattani, 1996, p. 140). Assim, o trabalho desempenha um papel mediador nas relações, um princípio educativo que constitui os sujeitos.

Em função do foco aqui adotado, limitar-me-ei à compreensão de trabalho como conjunto da atividade humana que assegura a sobrevivência da vida da espécie, no espaço individual ou coletivo, como atividade (remunerada ou não) para a manutenção da vida privada, não comunitária, social e cultural.

No capitalismo, o trabalho é reduzido a fator de produção, em troca de um salário que viabiliza, para a grande maioria "dos que vivem do trabalho", uma precária condição de sobrevivência. O trabalho passa a ser uma mercadoria, menos importante do que a máquina, o dinheiro. Em vez do ser humano, é o capital que ganha status de gente na medida em que a criação de produtos, da tecnologia e a própria possibilidade de ser feliz são atribuídas a ele. Assim, as relações entre capital e trabalho, no capitalismo, desvirtuam o sentido ontológico do trabalho. Tais relações de produção inviabilizam, para essa maioria, a emancipação humana e social, constituindo um ser humano degradado.

Contudo, em todo trabalho, mesmo no individual e assalariado marcado por um maior ou menor grau de exploração, está presente algum tipo de associatividade. O fato de todo trabalho ser social não elimina a exploração. Senão vejamos: numa empresa capitalista, o trabalho se realiza coletivamente, com a participação de todos. Os resultados dessa produção coletiva são apropriados pelo seu proprietário, e não pelos trabalhadores contratados (com ou sem vínculo legal). Para esta percepção é necessário ir além das dicotomias lineares ou maniqueístas, para captar os processos sempre contraditórios de (de)formação (Arroyo, 1997). As condições exteriores podem favorecer mediações mais ou menos emancipadoras, mas ao mesmo tempo deformadoras, embora não de forma determinista. Os próprios trabalhadores e trabalhadoras, apesar do contexto adverso, podem realizar um processo de formação emancipadora. Dessa maneira, podem diminuir a distância entre o trabalho abstrato (presente com maior intensidade nas relações patrão x empregado – valor de troca) e o trabalho concreto (que prioriza o valor de uso e é próprio das relações oportunizadas pelo trabalho associado). Nesta perspectiva, o trabalho pode ser considerado o único fator que produz valor, seja ele de uso ou de troca (mais-valia).

Em um contexto de reestruturação produtiva em que o trabalho informal tende a se generalizar pela sua funcionalidade ao lucro do capital (Tavares, 2004), o trabalho associado pode constituir-se no tensionamento de referência entre a produção capitalista hegemônica e a possibilidade da produção autogestionária. Mas assumir esta real ou potencial centralidade no movimento contra-hegemônico da sociedade não significa ausência de contradições. De um lado, há a subordinação à forma hegemônica de produção capitalista; de outro, a possibilidade de geração de uma nova sociabilidade, novos saberes, com a formação de um *ethos* da cultura do trabalho.

Como o trabalho associado se insere na complexidade do mundo do trabalho? Mesmo que todo trabalho sempre tenha alguma sociabilidade e seja sempre (de)formativo, a designação *trabalho associado*[36] pressupõe um conjunto de ações de caráter associativo e solidário, como é o caso de empreendimentos produtivos afinados com os princípios da economia popular solidária. Trata-se de uma organização intencional, considerando os diferentes níveis de compreensão, de produzir dentro das concepções e sentidos da autogestão. Esta tem como horizonte pelo menos três dimensões: participação igualitária e corresponsável na propriedade, na gestão e nos resultados, numa convivência respeitosa, solidária e cuidadosa com o socioambiente. Como nenhuma economia se torna solidária só porque as pessoas são boas e generosas, o alcance dessas metas acontece de forma variada de acordo com as condições estruturais de ordem social, econômica, política e cultural. Depende igualmente, entre outros fatores, da capacidade de compreensão, organização e gestão do trabalho, além da desenvoltura profissional dos sujeitos envolvidos.

Distintamente da forma de trabalho capitalista, os trabalhadores associados articulam estrategicamente os fatores do trabalho e da solidariedade para que estes deem a direção aos demais fatores de produção, dentro

[36] Lia Tiriba (2001; 2006b, p. 118) utiliza a categoria produção associada em dois sentidos: a) a reprodução da classe trabalhadora requer uma verdadeira produção associada com redes de solidariedade e colaboração cotidiana com coordenação do esforço coletivo do conjunto de pessoas que compõem a unidade de produção; b) um segundo sentido coloca-se no horizonte econômico-filosófico marxista, no qual a produção associada é entendida como unidade básica da sociedade dos produtores livremente associados na produção. Prefiro utilizar "trabalho associado" sintonizando, prioritariamente, com o primeiro sentido, ficando a segunda compreensão de fato como um horizonte – a utopia –, mas ainda não a realidade de "produtores livremente associados na produção".

dos limites da lógica do mercado hegemônico. A finalidade mobilizadora é a partilha equitativa dos resultados do trabalho para o bem-viver.[37]

Os empreendimentos solidários de trabalho associado apresentam-se com elementos autogestionários essenciais – autogestão integral –, não há assalariamento, e os trabalhadores geram, de maneira participativa e democrática, o empreendimento; trabalham coletivamente, e a remuneração se dá pelo critério do trabalho, com variações pouco significativas[38] entre os associados; detêm ou controlam coletivamente os meios de produção (prédio/sala, máquinas/instrumentos tecnológicos, terras...), comercializam ou distribuem coletivamente seu produto (ou serviço) no “mercado solidário” (redes de troca, de “comércio justo” etc.) ou no mercado capitalista.

A acepção “trabalho associado” não inclui os trabalhadores individuais por conta própria, mesmo que estes pertençam aos “setores populares” e se caracterizem como economia não-capitalista porque vivem do próprio trabalho, isto é, não exploram trabalho alheio. Além disso, está presente a preocupação para consolidar uma outra relação de convivência e de cuidado com o socioambiente.[39]

A finalidade de empreendimentos de trabalho associado é, em primeiro lugar, a cooperação em vista da satisfação das necessidades humanas fundamentais, em que os participantes exercem a liberdade e autonomia possível na criação e recriação de um mundo do trabalho com relações sociais de convivência solidárias. Contempla a produção e beneficiamento de bens, distribuição-consumo e todo tipo de serviços socialmente úteis para o bem-viver (como saúde, educação,

---

37 O condicionante desta intencionalidade limita a desejada autonomia, que é condicionada pelas regras colocadas desde a economia capitalista hegemônica, à qual, em última instância, os empreendimentos solidários acabam sujeitando-se para poderem sobreviver.

38 Este princípio não consegue ser seguido na contratação de serviços especializados, esporádicos, para determinadas tarefas – por exemplo, o conserto de uma máquina –, em que o empreendimento não possui autonomia para fixar o custo e obriga-se a remunerar a hora técnica estabelecida pelo prestador do serviço.

39 Com a expressão socioambiente destaco como parte do meio ambiente o ambiente social e natural, com referência às condições dadas pela natureza e o espaço social criado pela ação do ser humano na sua inserção histórica como sujeito.

cultura, lazer, trabalhos domésticos, cuidados dos filhos, pessoas idosas, doentes...), quando realizados dentro dos critérios de colaboração solidária. As forças individuais são postas em comum e permanecem sob a gestão, controle e apropriação dos resultados de forma participativa e comum.

Em síntese, os participantes de empreendimentos de economia (popular) solidária, em geral, foram excluídos do mercado de emprego formal e/ou resistiram a se integrarem na lógica exploradora de assalariamento no mercado de trabalho capitalista. Para além da luta individual pela sobrevivência no "mundo da economia informal", trabalhadores descartados do mercado capitalista buscam organizar, intencionalmente, o trabalho de forma participativa e solidária, motivados, em geral, por entidades de apoio.

O trabalho associado, enquanto superação das relações assalariadas, não está determinado pela forma jurídica. Exemplifico. Se uma cooperativa assalaria trabalhadores, seja no estilo tradicional ou na forma de subcontratação terceirizada, exclui-se dessa condição autogestionária. Neste caso, utiliza-se a estrutura jurídica para explorar o trabalho alheio. A categoria "trabalho associado" exige a coerência do compartilhar dos frutos do próprio trabalho, num ambiente que se caracteriza pela *comensalidade, doação, reciprocidade, cooperação* e uma consequente renúncia à apropriação do trabalho alheio (assalariado, contratado legalmente ou não). Nas relações de cooperação, a organização coletiva de um empreendimento autogestionário caracteriza-se pelo assumir corresponsável e participativo da gestão do empreendimento solidário, de acordo com critérios previamente estabelecidos entre os participantes. Gaiger (2003) faz uma relação entre trabalho associado e comunidade de trabalho:

> [...] depreende-se que o fator trabalho é passível de ser levado ao seu pleno rendimento como trabalho associado, na medida em que a própria comunidade de trabalho funciona como determinante da racionalidade econômica, sem entrar em conflito com a sua natureza social e de autogestão produzindo efeitos tangíveis e vantagens efetivas, em ambas as pontas (p. 139).

A energia da ação mobilizada pelos sentidos do comunitário é verificada através dos objetivos da geração de renda, em vista de proporcionar vida digna para os participantes. De outro lado, infiro que tais espaços de trabalho coletivo podem oportunizar mediações pedagógicas geradoras de sujeitos sociais solidários e uma outra cultura do trabalho, resultando na formação de um novo *ethos*, juntamente com novos "saberes e fazeres". Tais processos podem ser potencializados por mediações pedagógicas intencionalmente planejadas, decorrentes das necessidades e motivações advindas da prática cotidiana dos empreendimentos, na relação com instituições/agentes educadores.

Como espaço de mediações pedagógicas o mundo do trabalho perpassa todas as dimensões da vida como um conjunto complexo de interações. Oportuniza a reprodução de relações sociais (incorporação do antigo – *ethos* de origem) juntamente com algum nível de produção social (criação do novo – formação de um novo *ethos*). "Não há repetição do velho sem certa criação do novo" (Martins, 2000, p. 63). Nesta linha, o trabalho associado favorece, em função do seu caráter autogestionário, a intervenção dos coletivos de trabalho como sujeitos do processo de formação humana em vista de uma crescente autonomia, especialmente quando há uma unidade articulada de um universo que é simultaneamente técnico, social e cognitivo. Em decorrência, é possível afirmar que o trabalho associado apresenta um potencial emancipador, na medida em que se constitui uma forma solidária de relações que os trabalhadores estabelecem entre si para a obtenção de resultados econômicos e a satisfação de suas necessidades e desejos comuns de uma vida mais feliz.

A mediação pedagógica do trabalho associado se estabelece pela relação dialética entre teoria e prática, perpassada pelo contexto cultural, ou seja, uma interação com o *ethos* característico dos trabalhadores associados de um empreendimento. Tal espaço social de trabalho propicia pôr em jogo "o conjunto de valores e representações que os trabalhadores interiorizam, em cada momento histórico, em sua atividade laboral e em outras redes de convivência social: escola, família, igreja, associações de vizinhos, partido, sindicato etc." (Tiriba, 2001, p. 229).

Acreditar numa contribuição emancipadora da educação implica assumir que as condutas de vida são aprendidas em um ambiente. Todos os ambientes oferecem a capacidade de educar, dependendo da nossa percepção e relação significativa com eles. É o que afirma Gutiérrez (1999, p. 113): "Um ambiente educativo será um lugar de encontro que possibilita a criação permanente de novas situações, nas quais o 'eu' e o 'nós' estão em relação recíproca, dinâmica e construtiva". O trabalho associado oportuniza, de modo especial, esse fluxo de relações que germinam e frutificam processos econômico-educativos capazes de alterar o *ethos* individual e coletivo.

As mediações pedagógicas presentes nas experiências de trabalho associado oportunizam a relação do processo de educação popular com a conquista de saberes individuais e coletivos. Mas, ao mesmo tempo, pode realizar-se a construção de subjetividades capazes e desejosas de percorrer os caminhos emancipatórios. Concretamente, estes caminhos passam pela construção de uma cultura do trabalho associado para além dos limites da dinâmica produtiva, visto que a subjetividade do trabalhador nunca é somente resultado das relações do ambiente de trabalho. Lia Tiriba (2001) salienta, recuperando a concepção dialética: "A subjetividade do trabalhador não é só o resultado das relações vividas no ambiente de trabalho, mas se constrói e reconstrói a partir das diferentes experiências vividas em diferentes microprocessos e redes complexas [...]" (p. 236). Ou seja, a singularidade das motivações dos sujeitos não é somente produto determinado pelas condições objetivas e nem pura construção voluntarista. Ela se constitui na dialética das relações sociais que se estabelecem em qualquer atividade humana, mas, de modo especial, nas relações de trabalho.

Em outros termos, o trabalho associado, ao mesmo tempo em que cultiva relações de produção radicalmente distintas da produção capitalista, pode extrapolar os limites da atividade do trabalho no empreendimento. Facilita a realização de outras práticas solidárias em torno de necessidades individuais ou sociais assumidas como objetivos comuns por determinados grupos no mundo da reprodução contemplando formas de socialização em torno de outros aspectos da vida como o saber, cultura, saúde, moradia, convivência interpessoal na família, com amigos, vizinhos, colegas etc. São processos sempre educativos e, nestes casos, decorrentes das relações de trabalho nos espaços dos empreendimentos solidários.

Assim, concluo que é na pluralidade de instâncias sociais de convivência que as condições objetivas do trabalho também anunciam as condições subjetivas em que o trabalhador se produz e se reproduz. A reprodução ampliada da vida, e não do capital, estabelece uma integração entre o "mundo da produção e o da reprodução". O entrelaçamento entre essas duas esferas da vida constitui-se em questão-chave na proposta da economia solidária (Fischer e Ziebell, 2004). A reprodução ampliada da vida refere-se a um sentido mais amplo do que a reprodução biológica ou da sobrevivência. Ela inclui as determinações estruturais mais amplas, mas também as relações cotidianas com suas rupturas – "nos instantes da inviabilidade da reprodução" (Martins, 2000) – quando se instaura o momento da ousadia, da transgressão, da criação.

— 2 —

ECONOMIA POPULAR SOLIDÁRIA NO CONTEXTO CONTRADITÓRIO DO ATUAL MUNDO DO TRABALHO

As práticas de geração de trabalho e renda, designadas por projetos alternativos comunitários – PACs – no ambiente da Cáritas Brasileira apenas a partir de 1996, passaram a integrar o que passou a ser chamado de "economia solidária" ou "economia popular solidária". Como campo de pesquisa, estas iniciativas populares foram estudadas por Luiz Razeto (1990 e 1999), a partir da década de 1980, no Chile. Suas pesquisas sobre as organizações econômicas populares – OEPs –, cujos resultados foram divulgados em diversas obras, têm sido base da reflexão teórica do conjunto dos autores hoje atuantes no vasto campo da economia solidária. Para o pesquisador chileno, estas organizações e, mais amplamente, as de caráter solidário e alternativo incluem "uma parte desse mundo popular que se encontra excluído ou marginalizado do mercado formal e das possibilidades de acesso às políticas redistributivas do Estado" (RAZETO, 1990, p. 176).

Ele identifica, nessas experiências populares, um modo especial de fazer economia: produzir, distribuir recursos e bens, consumir e desenvolver como uma alternativa aos modos econômicos capitalista e estatista

(Razeto, 1999) mobilizando o "fator C"[1] na dinâmica solidária da produção. Este se manifesta, no plano da produção, pela cooperação no trabalho, no uso compartilhado de conhecimentos e informações, na gestão coletiva, na satisfação de necessidades de convivência e participação, no desenvolvimento pessoal dos sujeitos envolvidos. Tal processo fortalece os fluxos e relações de doação, reciprocidade, comensalidade e cooperação, combinadas com a troca mercantil.

O autor reconheceu o vasto campo da *economia popular* – EP – como um fenômeno generalizado de iniciativas heterogêneas ligadas aos setores populares: pequenas oficinas e negócios de caráter individual, familiar, microempresas individuais ou pequenas sociedades, formalizadas ou informais.[2] A partir daí formulou um conceito teórico mais ampliado de *economia solidária* – ECOSOL, que chamou, inicialmente, de *economia de solidariedade* para dar conta de conjuntos significativos de experiências econômicas no campo da produção, comércio, financiamento, serviços etc.

Como, nesta compreensão, nem toda economia popular é solidária e nem toda economia solidária é parte da economia popular – pois há expressões solidárias também em outros níveis sociais, isto é, setores não-populares –, o autor distinguiu daquelas duas a *economia popular solidária*. Trata-se do "conjunto concreto das experiências, atividades e organizações econômicas que se encontram na intersecção entre os dois conjuntos anteriormente mencionados" (Razeto, 1999,

---

1 Razeto o denomina "fator C" porque coincide com a letra inicial, em vários idiomas, de: cooperação, comunidade, colaboração, coordenação, coletividade, comunicação... Enquanto na economia convencional os fatores econômicos eram integrados e submetidos ao capital, na economia solidária o processo produtivo deveria estar desencadeando e, ao mesmo tempo, fortalecendo o "fator C", que conota a presença de dimensões como solidariedade, mutualismo, cooperação e autogestão.

2 Estudos detalhados sobre a economia popular podem ser encontrados em Sarria Icaza e Tiriba (2003); Tiriba (2001, 2004, 2006a). Para Tiriba (2004), a economia popular envolve todas as pessoas que não conseguem usufruir da economia capitalista. A partir daí, compreendo que uma parte daquelas pessoas que se organizam, informal ou formalmente, de maneira associativa, em pelo menos um dos processos da cadeia produtiva direta, compõe a economia popular solidária.

p. 45-46). O ambiente de proliferação de iniciativas de cooperação econômica propiciou a reemergência da economia popular solidária pelo enredamento de fatores decorrentes da atuação de uma multiplicidade de agentes (trabalhadores desempregados e entidades de apoio), frente aos desafios do contexto social, econômico, político e cultural.

O autor destaca as principais características na Economia Popular Solidária (Razeto, 1999, p. 46-49), afirmando que são iniciativas que:

a) desenvolvem-se nos setores populares, entre os pobres da cidade e do campo;
b) envolvem um grupo de pessoas, em forma associativa;
c) constituem-se organizações populares com algum tipo de estruturação;
d) assumem a finalidade de enfrentar um conjunto de carências e necessidades concretas (alimentação, moradia, saúde, educação, trabalho, rendimentos, poupanças etc.);
e) buscam potencializar os próprios recursos em vista da conquista de crescente autonomia;
f) implicam relações e valores solidários de ajuda mútua, cooperação, comunidade ou solidariedade;
g) têm como horizonte serem organizações participativas, democráticas, autogestionárias;
h) não se fecham a um só tipo de atividade, mas tendem a ser integrais, combinando atividades econômicas, sociais, educativas, de desenvolvimento pessoal e grupal, de solidariedade, às vezes de ação política e pastoral;
i) pretendem criar espaços para ser diferentes, alternativos, com respeito ao sistema imperante e, ainda que em pequena escala, almejam a mudança, a emancipação social;
j) tendem a se articular com outras instâncias, formando redes horizontais entre elas e com entidades de apoio, em torno de demandas de formação acessória e acesso a outros recursos sociais e técnicos.

De acordo com a ilustração do diagrama a seguir, a economia popular solidária é aquela parte da economia solidária que se manifesta no contexto da economia popular.

Quadro 1: Compreensão da economia popular solidária na relação com a economia popular e economia solidária no contexto da economia capitalista atualmente hegemônica

Alargando a compreensão de Luis Razeto (1999) valho-me em argumentações de Lia Tiriba (2004, p. 91-97)[3] que permitem estender o caráter "popular" para toda economia solidária, como segue:

a) Se todas as pessoas de determinada sociedade estivessem contempladas em uma mesma economia, "não haveria a mínima necessidade de usar a expressão 'economia popular'" (Tiriba, *op. cit.*, p. 91).

[3] Tiriba se apoia nas obras de Peter Burke, *Cultura popular na Idade Moderna*, São Paulo: Companhia das Letras, 1989; M. Max-Neff, *Economia descalza*, Estocolmo/Buenos Aires, Editora Nordan, 1986 e *Desarrollo a escala humana,* Montevideo: Nordan/REDES, 1993; Karl Marx e F. Engels, *A ideologia alemã* (Feuerbach), São Paulo: Hucitec, 1987 e outras.

b) O popular na economia se caracteriza pelo fato de os trabalhadores utilizarem sua própria força de trabalho, participando do processo de reprodução ampliada da vida (e não do capital).
c) O sistema econômico capitalista, ao contrário da economia popular solidária, não valoriza atividades produtivas domésticas ou de subsistência, a não ser que sejam rentáveis para o "deus mercado".
d) Reivindicar o "popular", por uma questão de classe, significa não abrir mão de "uma economia que favoreça a maioria da população planetária, que sem dúvida pertence aos setores populares" (Tiriba, 2004, p. 95).
e) Para que os trabalhadores, além de apreender e apoderar-se de sua cultura, possam avançar no processo de transformação da realidade é necessário enfrentar, igualmente, o desafio da disputa epistemológica para conquistar o reconhecimento científico das práticas sociais consideradas como realidades "inexistentes" pela "razão metonímica" própria da ciência positivista ainda hegemônica.
f) E, por último, a qualificação da economia solidária como "popular" deve-se ao fato de que os empreendimentos solidários – em que pese a variedade de sentidos, formas de organização e tipos de atividades exercidas – têm sido assumidos, em muitos casos, como espaços estratégicos de educação popular.

A denominação "Economia Solidária" – ECOSOL –, utilizada por Paul Singer (2002a, 2002b) e consagrada pelo Fórum Brasileiro e pela Secretaria Nacional de Economia Solidária – SENAES – sintoniza com a concepção de Razeto. Todavia, tendo em conta as razões acima, farei uso preferencial de economia popular solidária[4] compre-

[4] No Rio Grande do Sul, o Fórum Gaúcho assume igualmente a expressão Economia Popular Solidária. O acento no "popular", no estado gaúcho, traz uma conotação de opção pelos segmentos mais empobrecidos da população sinalizando a forte influência de instituições que inspiravam sua mística e metodologia de ação na Teologia da Libertação, bem como na ideologia socialista. Esta última valorizava, especialmente, as concepções e práticas do Partido dos Trabalhadores.

endendo que o "popular" refere-se aos empreendimentos inseridos em uma economia não-capitalista, não exploradora do trabalho pelo capital, ou seja, que não se baseiam em relações assalariadas.

A pesquisa ainda recente no Brasil tem reconhecido um primeiro período destas experiências de caráter econômico, até meados da década de 1990, como "um terreno propício para o aparecimento de propostas que, mais tarde, foram reagrupadas sob o nome de economia solidária" (LECHAT, 2004). A Cáritas Brasileira, por exemplo, apoiou a implantação do que designou de Projetos Alternativos Comunitários – PACs – com recursos financeiros e formação de lideranças no Rio Grande do Sul e em outros estados brasileiros (ADAMS, 2002). Em 1985, a coordenação estadual da entidade iniciou a realização dos Encontros Estaduais de Projetos Alternativos. Até 1995, estes eventos foram organizados exclusivamente pela Cáritas do Rio Grande do Sul e, a partir daí, por iniciativa desta, em parceria com outras entidades.

Quadro 2 – Cronologia dos Encontros Estaduais de Projetos Alternativos Comunitários (PACs), Encontrões de experiências alternativas de organização popular e geração de renda e as Feiras Estaduais de Economia Popular Solidária (EPS), realizados em Porto Alegre.

EVENTOS ESTADUAIS NO RS	ANO	TEMÁTICA DE FORMAÇÃO
1º Encontro	1985	Troca de experiências – relatos e reflexões
2º Encontro	1986	O sentido cristão dos PACs
3º Encontro	1987	Os critérios e características dos PACs
4º Encontro	1988	Conjuntura brasileira e aspectos metodológicos dos PACs
5º Encontro	1989	Os PACs e os movimentos sociais
6º Encontro	1990	Os PACs e a conjuntura atual: em busca de uma metodologia integral
7º Encontro	1991	Aprofundamento do processo educativo e cultural dos PACs e suas relações de e no mercado

8º Encontro	1992	Viabilidade econômica dos PACs e a comercialização direta
9º Encontro	1993	Avaliação da situação atual dos PACs e análise do recadastramento
10º Encontro	1994	Noções básicas do mercado e o cooperativismo
11º Encontro	1995	Os PACs e o neoliberalismo: limites e possibilidades
1º Encontrão de Experiências Alternativas de Geração de Organização Popular e Geração de Renda (articulação de 22 entidades)	1996	Desafios dos empreendimentos solidários frente à conjuntura das políticas neoliberais; Primeiros resultados da Pesquisa sobre os PACs apoiados pela Cáritas no RS; Consolidação de uma articulação estadual de entidades e empreendimentos solidários e início da articulação de fóruns regionais
2º Encontrão	1998	Economia solidária no RS – viabilidade e perspectivas.
1ª Feira de Solidariedade	1998	Economia solidária e o desenvolvimento associativo no contexto da globalização
2ª Feira de EPS	2000	Redes de desenvolvimento solidário e globalização
3ª Feira de EPS	2001	A produção e o comércio solidário
4ª Feira de EPS	2002	Economia popular solidária e as novas relações: gênero, meio ambiente e mercado
5ª Feira de EPS	2003	Do local para o global, fortalecendo redes de EPS[5]
6ª Feira de EPS	2004	Do local para o global, fortalecendo redes de EPS
7ª Feira de EPS	2005	Do local para o global, fortalecendo redes de EPS
8ª Feira de EPS	2006	Do local para o global, fortalecendo redes de EPS

Fonte: Adams, 2002.

[5] As últimas feiras estaduais realizadas em Porto Alegre (no final de 2008 ocorreu a 10ª Feira) utilizaram-se da estratégia de marcar um mesmo enfoque pedagógico ligado a um dos objetivos centrais da feira. Vale lembrar que acontecem outras feiras de abrang1ência regional, estadual e até internacional, em Santa Maria, Passo Fundo e Pelotas.

As primeiras pesquisas realizadas pela Cáritas Brasileira iniciaram-se no Rio Grande do Sul em 1993, em parceria com a Universidade do Vale do Rio dos Sinos, com uma primeira fase chamada "cadastramento dos PACs" (GAIGER, 1994; GAIGER *et al.*, 1999).[6] Os resultados desta primeira fase foram apresentados no 1º Encontrão Estadual (em 1996), no qual começa a aparecer o termo Economia Popular Solidária.

Os resultados da 2ª fase da pesquisa, que contou também com a parceria da Prefeitura Municipal de Porto Alegre e Universidade Federal do Rio Grande do Sul – UFRGS –, anfitriã dos dois Encontrões, foram apresentados no 2º Encontrão Estadual.

A terceira fase da pesquisa realizou-se contando com a parceria: Cáritas, Unisinos, Prefeitura Municipal de Porto Alegre e Governo do Estado do Rio Grande do Sul. Em nível nacional, outra parceria com a Universidade Nacional de Brasília realizou investigação sobre os projetos alternativos comunitários durante os anos de 1993-1994 (CARITAS BRASILEIRA, 1995). As conclusões destas pesquisas integraram os fatores iniciais de uma compreensão mais articulada da economia popular solidária.[7]

---

[6] A pesquisa Cáritas Brasileira – Regional do Rio Grande do Sul e CEDOPE – UNISINOS – foi coordenada pelo pesquisador Luiz Inácio Gaiger (nas três fases do seu desenvolvimento – 1993-2001). Vale ressaltar, igualmente, a contribuição do sociólogo Dárnis Corbelini (coordenador do núcleo da Unitrabalho/Unisinos até 2006) na fase de planejamento do que se designou Cadastramento dos PACs no RS (1ª fase).

[7] A Cáritas do Rio Grande do Sul foi e continua sendo reconhecida uma importante protagonista (cf. SINGER, 2002a, 2002b; ASSEBURG e OGANDO, 2006).

2.1. Origens, fatores da reemergência e características da economia popular solidária

Segundo o Termo de Referência da Secretaria Nacional de Economia Solidária[8] (SENAES), criada no governo de Luiz Inácio Lula da Silva, empreendimentos econômicos solidários

> são organizações coletivas (associações, cooperativas, empresas autogestionárias, grupos de produção, clubes de trocas etc.), suprafamiliares, cujos sócios são trabalhadores urbanos e rurais. Os que trabalham no empreendimento são, na sua quase totalidade, proprietários ou coproprietários, exercendo a gestão coletiva das atividades e da alocação dos seus resultados.

Na relação com a economia de mercado, a economia solidária procura diferenciar-se das normas e valores da economia capitalista pela gestão coletiva – autogestão com base na propriedade social dos meios de produção, vedando a sua apropriação individual ou alienação particular. O controle e o poder de decisão pertencem aos associados, com igualdade de direitos; os gestores são os próprios trabalhadores, que coletivamente organizam e executam o processo produtivo e dispõem sobre o destino do excedente produzido; eles apropriam-se dos resultados do próprio trabalho ou assumem solidariamente eventuais prejuízos do empreendimento.

No caso brasileiro, a Secretaria Nacional de Economia Solidária – SENAES assume sob o termo "economia solidária" a multiplicidade de empreendimentos, desde os que têm origem na economia popular até as empresas autogestionárias ou cooperativas de grande porte (Singer, 2002a). A perspectiva parece ser a de unificar ações a partir do Estado e da sociedade, combinando a solidariedade social com a solidariedade orgânica. Em outras palavras, pretende-se articular políticas públicas efetivas

---

8 O termo economia solidária, assumido em nível nacional, é um conceito mais aberto, cujos critérios para caracterização de empreendimentos solidários são mais abrandados do que na acepção de economia popular solidária. Ver quadro 1 – Compreensão da economia popular solidária na relação com a economia popular e economia solidária.

com a presença forte do Estado e atuação ativa da sociedade organizada. Este parece ser o projeto hoje trabalhado na relação do Fórum Brasileiro de Economia Solidária com a SENAES.

A reemergência[9] da economia popular solidária no Brasil e América Latina ocorreu no contexto da reestruturação produtiva do capital, o que resultou em profundas mudanças no mundo do trabalho, de acordo com a análise desenvolvida no capítulo anterior. Como foi destacado, a partir dos anos 1970, com a crise generalizada do capitalismo e do "socialismo realmente existente" (Singer, 2002a), as forças do capital buscaram sua reestruturação. Ou seja, o contexto era de expansão das políticas neoliberais, de desmoronamento do socialismo de planificação centralizada e da crise do *Estado de bem-estar social* difundido, especialmente, pelos países da Europa e EUA, com a chamada *social-democracia*. Para os trabalhadores restou o desemprego em massa e, consequentemente, eles foram obrigados a aceitar as regras da "flexibilização" de seus direitos e redução dos salários. O *Estado de bem-estar social*, nos países em que de alguma forma se desenvolveu, perdeu força e mal conseguiu atenuar os excessos do neoliberalismo. No Brasil, sobretudo na segunda metade da década de 1970, o grande capital financeiro global aumentou o grau de imposição de suas regras, em detrimento da fragilização do poder do Estado e da sociedade.

Entre os resultados contraditórios, pode ser considerado o ressurgimento do movimento de economia popular solidária, em diversos países,[10] com apoio de "organizações da sociedade civil" que buscavam retomar o cooperativismo original, de caráter autogestionário e emancipatório. O pesquisador Aníbal Quijano (2002) identifica duas vertentes latino-

---

[9] Os termos reemergência e não-emergência, reinvenção e não-invenção indicam que sempre houve formas econômicas baseadas no princípio da solidariedade no decorrer da história. Tais movimentos sempre estiveram presentes em todas as sociedades. Além disso, reinvenção traz no seu bojo uma crítica ao cooperativismo tradicional, cuja experiência foi artificialmente transferida da Europa para a América Latina.

[10] Noëlle Lechat (2006), analisando a história dos empreendimentos de economia social desde as décadas de 30 e 40 do século XIX, conclui que geralmente surgiram em "cachos", sob o impulso de uma dinâmica desencadeada por grandes crises socioeconômicas.

-americanas que emergiram da crise do capitalismo mundial desde os anos 1960. Uma delas trabalhou com a questão da "marginalização" frente à progressiva exclusão de trabalhadores do emprego assalariado estável. Os "marginalizados do salário" buscavam organizar-se em um polo marginal da economia. Uma segunda tendência eclodiu com a crise mundial a partir de 1973, quando o número de trabalhadores "marginalizados" aumentou violentamente em todo o mundo, mas de modo especial nos países periféricos e dependentes.

Foi nesse contexto que se universalizou o conceito de "estratégias de sobrevivência". Inclusive economistas defensores da economia de mercado começaram a admitir que já não se tratava mais de situações conjunturais e transitórias nas relações de capital-trabalho. Os pobres, isto é, a vasta maioria da população empobrecida, transformaram-se no conjunto dos "socialmente excluídos". Até os dias atuais, a resistência básica dessas populações tem consistido, fundamentalmente, em assegurar a sobrevivência, constituindo o bloco da economia popular (Razeto, 1990). Neste ambiente de ajustamento social, fortalece-se a tendência do avanço da globalização de hegemonia capitalista.

Contudo, em meio às contradições características dos processos sociais é necessário enfrentar o controle ideológico do pensamento único como se a globalização neoliberal fosse a única capaz de atingir todas as realidades de forma homogênea. Para José de Souza Martins (2000), a globalização

> é constituída pelos ritmos desiguais do desenvolvimento econômico e social, pelo acelerado avanço tecnológico, pela acelerada e desproporcional acumulação de capital, pela imensa e crescente miséria globalizada dos que têm fome e sede, nao só do que é essencial à reprodução humana, mas também fome e sede de justiça, de trabalho, de sonho, de alegria. Fome e sede de realização democrática das promessas da modernidade, do que ela é para alguns e, ao mesmo tempo, apenas parece ser para todos (p. 20).

A organização associativa e autogestionária de trabalhadores, que designo trabalho associado, provavelmente significou uma redescoberta criativa de resistência ao capitalismo frente à degradação social e ambiental. Por um lado, são as necessidades materiais geradas pelas tendências atuais de reestruturação do capitalismo e o consequente comportamento da realidade que levam os trabalhadores por esse caminho da reciprocidade. Somente saindo e se libertando das regras do jogo do capitalismo e exercitando a reapropriação do controle do seu trabalho eles terão chance de retomar seu processo de emancipação. Apropriando-se coletivamente dos recursos e produtos, bem como das instâncias da sua existência social, eles poderão defender-se melhor das imposições do capital, ainda que submetidos às mesmas regras capitalistas do mercado (Quijano, 2002).

Qual foi a posição dos sindicatos e partidos de esquerda, no Brasil, frente a estas questões, até o final dos anos 1980? Boa parte deles via os empreendimentos de economia popular, inclusive os solidários, sem importância política,[11] em função de que estes não incidiam diretamente na promoção de mudanças políticas. Além disto, para os gestores destas instituições, a organização econômica de geração de trabalho seria competência dos empresários e do Estado. As ações que tinham por objetivo melhorar a qualidade de vida nos bairros populares eram consideradas reformistas (Tiriba, 2001). A visão hegemônica entendia que a solução dos problemas locais seria uma decorrência de mudanças estruturais em nível de toda a sociedade. O horizonte dos movimentos, sobretudo os sindicais, restringia-se à reivindicação do emprego, visão essa que mudou, a partir dos anos 1990, com a generalização do desemprego estrutural, como bem sintetiza Lia Tiriba (2001).

> Superando em maior ou menor grau a cultura do simples protesto e reivindicação [...] os sindicatos começam a atribuir às suas organizações parte da responsabilidade com respeito ao futuro do grande contingente de trabalhadores; [...] descobrem os empreendimentos econômicos populares

---

[11] Na Europa, as empresas geridas pelos próprios trabalhadores começam a surgir a partir de 1977, com o apoio de alguns sindicatos progressistas. Tratava-se de uma série de iniciativas para salvar ou criar empregos em meio à nova crise do capitalismo. Assim, entre os anos de 1980 e 1985 – cf. Lechat (2006) –, foram criadas inúmeras cooperativas de trabalho, em toda a Europa.

como forma de resistência contra os efeitos da nova ordem internacional, passando a considerá-los parte integrante dos movimentos populares e uma das instâncias de luta pela construção de uma nova sociedade (p. 156).

Nesse contexto, inúmeros educadores e educadoras populares, ligados ou não a entidades de apoio,[12] ousaram desvendar o tabu da dicotomia entre as ações da vida cotidiana e a luta política mais ampla. Passaram a compreender a possibilidade de potencializar processos educativos na dinâmica das relações dialéticas entre os diferentes espaços da vida social. A resistência consolidou-se, gradativamente, em uma nova estratégia de luta: a valorização do caráter local. "A lógica da conscientização para a grande luta nacional dá lugar para as pequenas ações promotoras da conscientização da necessária transformação social" (Tiriba, 2001, p. 159). Muitos movimentos passaram a compreender a importância de ocupar espaços também na economia e não somente no campo da política na visão estratégica de tomada do poder. E, assim, gradativamente, houve uma progressiva inclusão de práticas socioeconômicas solidárias como um componente importante da luta dos movimentos sociais para a melhoria das condições de vida, assumindo de forma mais integral o horizonte de uma emancipação social.

Uma das características fundamentais identificadas no movimento de organização da sociedade nos últimos anos foi o fato de muitas organizações terem se aproximado mais do conjunto das necessidades humanas. Em vez de ações restritas, focalizadas, tenderam a ampliar seu leque de abrangência atingindo o contexto social. Valorizaram o componente da produção e reprodução da vida material e, ao mesmo tempo, instauraram processos educativos, valorizando e interagindo com diversos princípios organizativos, econômicos, éticos, políticos, culturais, produtivos, espirituais[13] e outros. E isso num ambiente de muitas tensões, conflitos e

[12] Organizações não-governamentais ou governamentais fomentadoras de iniciativas relacionadas com a geração de trabalho e renda na perspectiva da economia solidária.

[13] Leonardo Boff (1999, p. 40, apud Arruda, 2003, p. 182) define a espiritualidade como "aquela atitude que coloca a vida no centro, que defende e promove a vida". Nesse sentido, espírito não está em oposição ao corpo, mas à morte no sentido amplo: biológica, existencial, na dimensão individual ou social.

buscas, permeadas por avanços e fracassos, em meio à efervescência de uma grande diversidade de movimentos sociais e mobilizações cidadãs que eclodiram durante as últimas duas décadas.

Em que medida essa gestão da produção pelos trabalhadores pode configurar-se como mediação para a constituição de uma outra cultura – um novo *ethos* do trabalho associado –, contribuindo para um processo de emancipação social?

Nas análises de alguns autores, encontramos uma exagerada idealização da economia solidária. Já outras posições, sem perder o senso crítico em relação aos limites estruturais dessas práticas, valorizam seu potencial pela contribuição na geração de renda, socialização, saldo educativo, entre outros aspectos. Suponho que, juntamente com outras forças sociais, os empreendimentos solidários constituem-se espaços de mediações pedagógicas e podem gerar resultados emancipadores para o conjunto da classe trabalhadora. Situados no espaço estrutural da produção e do mercado – portanto, dependentes da hegemonia do modo de produção capitalista e intimamente ligadas ao mundo da reprodução da vida –, as iniciativas de economia popular solidária podem agregar-se ao ambiente de interação entre práticas e utopias. Ou seja, ao mesmo tempo em que tais práticas propõem-se a vivenciar novas relações em todos os espaços estruturais da vida cotidiana individual e coletiva, podem oportunizar elementos de transformação social.

Nesta perspectiva, a teimosia e a resistência de organizações de trabalho associado caracterizam-se fortemente pelo caráter utópico de afirmação da possibilidade de outra organização socioeconômica que não seja a capitalista. O legado de Marcel Mauss,[14] com a "Economia do dom", tem seu eixo na denúncia da naturalização da economia de mercado como uma ideologia utilitarista que elege o *homo economicus* como a condição natural para os sujeitos existirem na história

---

[14] Marcel Mauss escreveu "Ensaio sobre a dádiva" em 1924, mas a publicação da obra ocorreu em 1980. Entre as ideias que podem fundamentar a economia solidária está a concepção integral do ser humano, o "fato social total".

(Albuquerque, 2006). A vida não é somente economia no sentido *crematístico*[15] do mercado capitalista. Uma "economia do dom", que se assenta sobre o *paradigma da dádiva*, pode ser uma reação contra a desumanização gerada pelo modelo capitalista, a favor de uma re-humanização em vista do ser humano integral. É o que Mauss afirma como "fato social total", cuja expressão significa que todas as dimensões da vida são importantes, tanto quanto um ato econômico, que, por sua vez, nunca é puramente econômico.

Se, na economia de mercado, a lógica é guardar para si – ser inimigo, prever para si, acumular –, na economia solidária pode prevalecer o espírito de reciprocidade: doar, receber, retribuir. A economia pode funcionar pela generosidade e não necessariamente pela competição. É doando algo para o outro que eu faço com que ele sinta obrigação de ajudar também. Marcel Mauss sustenta que, na sua origem, a natureza do ser humano é generosa, argumentando que o homem primitivo era coletivo até o surgimento de uma economia de mercado (cf. Albuquerque, 2006; Caillé, 2002). Infiro que neste autor pode estar um dos pontos de apoio da utopia presente na economia popular solidária.

Enfim, tendo a crer que o potencial dos empreendimentos de economia popular solidária não esteja na sua capacidade prática de contrapor-se ao capitalismo. Mas, ao produzirem resultados concretos para os envolvidos e formarem um *ethos* individual e coletivo com modos distintos, sentidos diferentes daqueles produzidos nas relações capitalistas, eles carregam um potencial emancipador. E isso pode ocorrer mesmo que os protagonistas dessas práticas associativas não tenham a compreensão do seu significado ou até se liguem a combinações estranhas com ideologias políticas conservadoras. O seu significado mais importante pode estar no ganho educativo e no ascender da "chama da esperança" de que um outro mundo seja possível. Embora tais iniciativas aconteçam em nível local, o lema do Fórum Social Mundial – "Um outro mundo é possível" – pode

15 Ver detalhes desta temática na terceira parte do livro.

estar dando direção a um período de transição da resistência localizada para a busca de alternativas contra-hegemônicas em âmbito global (Quijano, 2002; Santos B., 2006; Gadotti, 2006).

A reinvenção da economia popular solidária constituiu-se através de um metódico e gradativo trabalho educativo para superar o senso comum de rejeição ao cooperativismo tradicional, cujo mérito não se deve apenas ao esforço dos próprios desempregados e marginalizados do modelo de produção capitalista. Esse processo foi e continua sendo animado por educadores, pesquisadores de instituições universitárias, ONGs, sindicatos, movimentos sociais, entidades religiosas.[16]

Um grande número de autores coincide na compreensão de uma noção mais abrangente de economia com um vigoroso sentido ético e a serviço do humano, na busca de recuperar o sentido original de "economia", como gestão ou "cuidado da casa". Em se tratando de economia popular solidária, a maioria deles faz referência crítica ao cooperativismo tradicional e defende um cooperativismo alternativo, popular: autogestionário. Paul Singer (2002a) talvez elucide bem essa questão entendendo a economia solidária como luta contínua, e não resultado tranquilo. Contradições existem e continuarão existindo também no cooperativismo popular na economia solidária, portadora da mesma tendência à degeneração, tal como ocorre com qualquer outra organização que se proponha a uma outra lógica.

Luiz Inácio Gaiger (2004) enfatiza a marca da diversidade dos empreendimentos econômicos solidários provocada pelas formas de gêneses e a maneira como incidem sobre as diferentes categorias de trabalhadores. O que lhes dá unidade é o fato de perseguirem "a socialização dos meios de produção e a democratização da gestão do capital e do processo de

16 No Brasil, destacam-se organizações da Igreja Católica, como a Cáritas Brasileira (já citada), a Pastoral Operária e Pastoral da Criança, Comissão Pastoral da Terra e outras. Tiriba (2004) refere-se às pessoas apoiadoras como sendo *oikotrabalhadores* que, unidos "por laços sociais de amizade ou de parentesco, promovem e estimulam redes de solidariedade, em diferentes níveis e estilos [...] no sentido de garantir não apenas a manutenção da unidade doméstica, mas também viabilidade do empreendimento econômico" (p. 92).

trabalho, reconfigurando as condições materiais e a organização do poder no seio do empreendimento [...]" (p. 386).

Contudo, para além dessa percepção dos limites, Gaiger (2004) conclui que os empreendimentos solidários "adquirem uma conotação anticapitalista mesmo quando não se contrapõem diametralmente às relações sociais dominantes" (p. 397). Sua perspectiva utópica se aproxima da de Boaventura Santos (2002c), para quem tais experiências tornam mais incômoda a reprodução do capitalismo e a sua hegemonia, embora não pretendam substituí-la de um só golpe. Numa perspectiva macro, entende Santos (*op. cit.*), na globalização hegemônica sempre haverá um movimento dialético que aponta para o avanço de uma globalização contra-hegemônica em que será possível "produzir para viver" (e não o contrário).

No que tange às posturas dos diferentes autores, em alguns transparece certo ufanismo; em outros, nota-se uma postura prudente, destacando que a economia do trabalho contém o mérito de indicação da necessidade de transformação do capitalismo atual, mas não uma alternativa consolidada. Ela não será um mundo solidário dentro do capitalismo. A economia dos setores populares, dentro de um sistema competitivo globalizado, em última análise, coloca-se serviçal aos interesses do grande capital. Sem a autonomia necessária e uma política pública favorável será muito difícil a ECOSOL constituir-se como um campo próprio.

Tiriba (2001) conclui que "superestimar tais experiências levaria a crer que seria possível uma nova ordem mundial sem enfrentar os mecanismos do capital e das políticas neoliberais" (p. 370). Por outro lado, é preciso evitar outro extremo, ou seja, a desqualificação simplista da economia solidária por tais iniciativas não oferecerem alternativas radicais ao capitalismo. Boaventura Santos (2002c) indica o caminho de uma hermenêutica da emergência para evitar a rejeição e desqualificar todo tipo de experimentação social com o argumento de que as práticas sociais estão sempre "contaminadas" pelo sistema dominante.

Em síntese, não se trata de converter essas micro-organizações em absolutas portadoras de uma transformação estrutural da sociedade. Cabe, contudo, identificá-las como catalisadoras de energias sociais (TIRIBA, 2004). E, ao mesmo tempo em que se constituem expressão extrema da crise, é possível perceber nelas um embrião de formas diferentes de organização social da produção e do trabalho, com potencial para germinar uma outra economia.[17] E os trabalhadores associados podem estar ensinando-nos que, para além do valor monetário da economia, ela possibilita assumir aquele sentido original de integrar as diferentes dimensões da convivência humana.

Juntamente com o desafio da compreensão da dimensão emancipadora do trabalho associado cabe enunciar a necessidade da verificação de mediações pedagógicas que suscitam processos educativos espontâneos ou pedagogicamente potencializados para que estas práticas sociais possam ir além da contribuição no controle e redução da conflitualidade social. Em que medida elas possibilitam um passo a mais ou permanecem no que pode ser designado de "inclusão excludente" nos moldes de um novo assistencialismo?

É possível afirmar que a emancipação social pode começar por eliminar a fome, mas pressupõe a contínua expansão da qualidade de vida através da rearticulação entre o social e o econômico. A economia solidária, na forma da agenda política atualmente encaminhada no Brasil, tende a atenuar oposições e atitudes ideológicas de classificação maniqueísta binária. Mas as disputas de posições neste campo continuam em função de diferentes interesses e compreensões. Daí segue o grande desafio de continuar encontrando mediações favoráveis para a reinvenção dos caminhos possíveis; ou seja, posturas mais abertas, de valorização de experiências sociais "desperdiçadas", "ausentes" por não terem sido reconhecidas pela lógica das "monoculturas". Juntamente com outros movimentos sociais que lutam por uma sociedade mais humana e justa, a contribuição da economia popular solidária pode ser a gestação de processos de emancipação

---

[17] Na contracorrente do sistema e da ideologia dominantes a "outra economia" refere-se a um movimento coletivo de uma economia plural. Considerando as múltiplas e complexas alternativas na esfera produtiva, trata-se de um esforço afirmar a necessidade de construção de conceitos e teorias que permitam compreender e fortalecer a multiplicidade de processos, instituições, valores, manifestações designadas por socioeconomia solidária, economia popular solidária, economia do trabalho, empresas autogestionárias, novo cooperativismo, redes de consumo solidário etc. (Cattani, 2003).

social como formas embrionárias de outro modo de produção, com base numa ética solidária que fortalece a perspectiva de um projeto contra-hegemônico de sociedade.

2.2. A economia popular solidária e as transformações estruturais no mundo do trabalho

Para compreender os limites e potencialidades da economia popular solidária hoje no Brasil faz-se necessário localizar e caracterizar as condições materiais e culturais em cujo ambiente ocorreu a sua reemergência e em que ambiente ela continua inserida atualmente. A EPS desenvolveu-se em condições de crise multifacetária na sociedade brasileira e mundial, que se aprofundou a partir da metade do século XX e início do século XXI. Como a educação está sempre fundamentada em uma visão de mundo, ela não pode prescindir de um olhar histórico-sociológico para compreender a atual complexidade do mundo do trabalho atordoado em decorrência das aceleradas transformações. Quais as repercussões desta globalização de hegemonia capitalista no mundo do trabalho e quais as implicações para a educação?

Os processos de mudanças no trabalho decorrem da passagem do fordismo ao pós-fordismo ou modelo flexível (toyotismo), agravando as contradições entre o modelo hegemônico e a permanência ou até expansão de formas tradicionais e, em geral, precárias de trabalho. A hierarquização do trabalho (Dowbor, 2002) ou a pirâmide (Mejía J., 2006) se ampliou pelos caminhos da crescente flexibilização, terceirização, subcontratação ou outras formas estimuladas pela lógica da acumulação do capital.

Neste contexto, verifica-se uma mudança radical: as tradicionais formas de emprego são substituídas por outras tendencialmente mais precarizadas. Trata-se de uma metamorfose do trabalho com suas variadas adaptações à globalização capitalista hegemônica, que fragilizou os atores coletivos dos trabalhadores e debilitou sua representação. Apesar das ambiguidades deste processo, quem luta pela sua dignidade individual e coletivamente através de qualquer tipo de trabalho nunca abdica da esperança por dias melhores. Contudo, a sociedade parece estar envolvida num "manto ideológico" fatalista que leva todos e todas a crer que "não há outro caminho fora do capitalismo" As visões adaptadoras daí decorrentes foram transferidas para o campo pedagógico gerando as consequências de uma educação pragmática, utilitarista e tecnicista.

A partir dos anos 1990 verificou-se uma tendência à generalização da informalidade do trabalho a serviço da produção capitalista. A centralização do modelo fordista deu lugar à informalidade flexível valendo-se dos princípios da descentralização produtiva. Surgiram formas, muitas vezes, precárias de terceirização submetendo pequenas empresas, inclusive as cooperativas e associações de trabalhadores que se sujeitaram às circunstâncias, escolhendo entre as alternativas objetivamente disponíveis.

A reestruturação produtiva do capital desencadeou muitas formas de resistências ou reações dos trabalhadores, uma das quais resultou no vasto leque de estratégias de sobrevivência que passaram a constituir-se o embrião do futuro campo de economia popular solidária – EPS. No entanto, paradoxalmente, o atual capitalismo convive com e se beneficia de organizações nas quais os trabalhadores realizam a mesma produção de anteriormente, como assalariados, porém agora arcando com todos os custos e riscos. Em última análise, o produto do seu trabalho converge para o mercado hegemônico em que "todas as pseudo-autonomias se dissolvem" (Tavares, 2004, p. 125). A subordinação do trabalho ao capital ocorre em todas as esferas da produção, do comércio e dos serviços, com diferentes níveis e graus de dependência. Daí que é possível concluir que os empreendimentos de EPS são apenas modos diferenciados de produzir, mas, em última análise, não constituem um modo autônomo de produção. Estão subordinados ao modo capitalista, do qual dependem e ao qual se submetem.

Neste círculo de dependência situa-se um dos instrumentos de organização econômica e social retomado intensamente desde os anos 1980: o cooperativismo. Sua utilização ideológica e pragmática foi mediada e difundida, pelos governos nos países latino-americanos, como instrumento de expansão capitalista. Nascido com caráter utópico, este tipo de organização com identidade socialista foi sendo fragilizado, tornando-se as cooperativas serviçais ao modelo produtivo capitalista hegemônico. Contudo, apesar das contradições relacionadas com questões de legislação e adaptação às regras do mercado capitalista, no processo de reinvenção da economia popular solidária o cooperativismo foi sendo assumido e adaptado como instrumento legal, na ausência de um marco adequado.[18]

No bojo das transformações estruturais, igualmente os movimentos sociais e organizações não-governamentais sofreram uma metamorfose frente à crise do Estado na relação com a sociedade civil, especialmente a partir da sua crise dos anos 1990, no contexto de globalização neoliberal. ONGs que se envolviam com a geração de trabalho e renda como alternativa ao desemprego eram alvos de duras críticas do chamado sindicalismo "combativo" ou de movimentos antagonistas que se contrapunham ao capitalismo através da oposição sistemática. Contudo, ao final do século XX, muitas destas entidades, em função do agravamento da crise do emprego, passaram a mudar sua visão e posicionamento e iniciaram o desenvolvimento de programas de apoio à economia solidária.

Tais processos se desenvolveram nos meandros do chamado "terceiro setor". A extrema diversidade e ambiguidade desta expressão origina-se em meio à proliferação de instituições sociais que têm assumido tendencialmente uma funcionalidade em relação aos princípios neoliberais de desresponsabilização do Estado. Neste sentido, o "terceiro setor" constitui-se um fenômeno inserido na reestruturação do capital, do qual ele é também produto (Montaño, 2002; Lisboa, 2003). Embora sejam consideradas parte do mesmo, nem todas as entidades atuam no espaço público não-estatal de forma alienada. Trata-se de uma tendência quando assu-

[18] A lei 5.764/71, ainda em vigor (com reformulações), mantém a exigência de um mínimo de vinte pessoas para constituir uma cooperativa singular. Grande parte dos empreendimentos de economia solidária conta com menos de 20 pessoas, o que inviabiliza a utilização da estrutura legal cooperativista para estes casos.

mem convênios com gestores públicos ou empresas privadas para a mera execução de serviços públicos frente ao desleixo do Estado no cumprimento do seu papel. Mas as organizações civis podem implementar ações com estratégias educativas tendo em vista contribuir para a organização popular e para o processo de emancipação social.

Entre as instituições socioeducativas que atuaram e atuam com a economia solidária destacam-se as de filiação ou inspiração católica. Origina-se daí o substrato de um *ethos* típico do campo religioso, cujas características estão presentes nas tonalidades das mediações pedagógicas intencionalmente planejadas, mas também na própria organização e motivação dos empreendimentos solidários. Ou seja, a visão pedagógica presente, seja no âmbito das entidades filiadas a alguma instituição religiosa ou não, carrega as marcas de um *ethos* imbuído de componentes religiosos.[19] As características deste *ethos* influenciam, de alguma maneira, os educadores que atuam nestas entidades de apoio; mas, com maior ou menor intensidade, também se fazem atuantes nos membros da maioria dos empreendimentos solidários.

2.2.1. A generalização da informalidade a serviço da produção capitalista

A partir da década de 1990, concomitantemente à hegemonia do modelo toyotista nos países do Norte, explode a chamada "economia informal", na qual os representantes da "teoria dual" viam uma lógica distinta daquela do setor formal (Teixeira, 2004). Diferentemente desta visão, entendo que, mesmo não sendo tipicamente capitalista, a produção informal integra o modelo de produção hegemônico, sem capacidade de se constituir em espaço econômico próprio. Contrariamente aos que percebem no fenômeno da informalidade o advento de uma "sociedade

---

[19] Este tema está mais desenvolvido nos itens 2.3.4. e 2.3.5. deste livro.

pós-capitalista sem trabalho", há muitos indícios de que ela se torne a forma dominante de trabalho na produção e reprodução do capital.

Sob este ponto de vista, a "economia informal" constitui-se um fenômeno que compreende setores qualitativamente distintos como a economia familiar, a do micronegócio de diversos tipos como, por exemplo, as associações de trabalhadores para produção e prestação de serviços. Organizações formais ou informais de diversos tipos atuam, em geral, com pouco ou nenhum capital, normalmente valendo-se da qualidade da solidariedade entre seus membros e do não-assalariamento (Lechat, 2006). Como uma realidade contraditória e cheia de ambiguidades, compartilho a posição de que é necessário problematizar tais práticas buscando compreender seus significados na relação com o contexto mais amplo da economia capitalista.

Para além das aparências, o trabalho e o emprego informal compõem uma forma refinada de aviltamento crescente do trabalho assalariado metamorfoseado pelos processos de terceirização. Esta significa, em realidade, um uso flexível do trabalho através de relações informais utilizando-se de subcontratações de empresas, como estratégia de redução drástica dos custos do trabalho humano. Esta informalidade encontra-se em expansão através do ingresso de trabalhadores excluídos do mercado formal ou então deslocados para este espaço por meio de uma variedade de formas de terceirização. A análise feita por Maria Augusta Tavares (2004) destaca bem esta questão:

> Como decorrência desse grande volume de desempregados, proliferam cooperativas, empresas familiares, trabalho domiciliar, micro e pequenas empresas. [...] A flexibilidade invade a organização da produção, fragmentando e desqualificando o trabalho, promovendo o desemprego e a reemergência de velhas formas de trabalho precarizado [...] (p. 18).

Substituindo a centralização, característica do modelo fordista, a informalidade flexível vale-se dos princípios da descentralização produtiva gerando uma eficiente modalidade de exploração. Desta maneira, a terceirização se constitui num mecanismo concreto de transferência dos riscos da atividade para a pequena ou microempresa contratada. Sendo esta uma cooperativa ou outra associação prestadora de serviços, os riscos, da mesma forma, recaem diretamente sobre o trabalhador, e a relação trabalhista é substituída pela relação comercial. Sem ser o proprietário dos meios de produção, o empresário apropria-se do resultado do trabalho gerado pelos empregados da pequena empresa ou associados de uma cooperativa prestadora de serviços. Não é por nada que, em muitos casos, os próprios empresários estimulam o surgimento de empreendimentos cooperativos no afã de diminuir custos. Propaga-se, inclusive, a informalidade[20] pela "vantagem" de um trabalho supostamente autônomo, sem patrão, em que todos podem e devem ser empreendedores. Mas subjacente à ideologia do "fim do trabalho assalariado" em que "todos podem ser pequenos patrões" está a falácia. Nas palavras de Tavares (2004, p. 22),

> [...] essa suposta autonomia, além de mascarar as reais dimensões do desemprego, fragmenta a classe trabalhadora, opera o culto ao individualismo, desqualifica as organizações representativas do trabalho, fomenta a ordem ideológica dominante e distancia o horizonte revolucionário.

Em muitos casos, tem-se criado a ilusão do trabalho livre pelo fato de não existir a vigilância direta do empregador como ocorre no trabalho interno da fábrica como assalariado. Trata-se de uma limitada autonomia que se submete às mesmas exigências de resultados impostas pela indústria contratante; às vezes, um controle até mais rigoroso sobre os resultados, com maior exploração do trabalho que, normalmente, se caracteriza pela maior precariedade.

> Graças à terceirização, a informalidade se torna uma forma adequada ao capital, porque participa efetivamente da produção sem implicar os custos do trabalho formal [...]. A informalidade que está sendo difundida

[20] Instituições internacionais como a Organização Internacional do Trabalho criaram, na década de 1960, o Programa Mundial de Emprego da Organização Internacional do Trabalho, oferecendo estímulos à expansão do "setor informal" para a sobrevivência dos extremamente pobres, como forma de amenizar a situação destes no decorrer do transitório período até que os países subdesenvolvidos chegassem ao desenvolvimento (cf. Lechat, 2006).

> se pauta, principalmente, no discurso da autonomia, da independência, da transformação de trabalhador em empresário (Tavares, 2004, p. 43).

Em síntese, qualquer forma de organização geradora de trabalho e renda – mesmo que não tipicamente capitalista, como é o caso dos empreendimentos de economia solidária – não conforma um novo modo de produção. O modo solidário de produzir associativamente, dentro dos princípios de autogestão, continua sendo um processo marginal, em última análise, inserido e dependente do modo de produção capitalista dominante. Equivocadamente designadas de "setor informal",[21] trata-se de uma forma sutil de ocultação da exploração que esconde os "fios (in)visíveis que articulam o trabalho informal à produção capitalista" (Tavares, 2004). As práticas de informalidade não podem ser vistas como intersticiais, porque há indícios múltiplos de que tendem a ser adequadas e essenciais ao modelo de acumulação no momento histórico. Inclusive as iniciativas do campo da economia solidária, ao mesmo tempo em que são geradoras de renda para a sobrevivência, pelo fato de substituírem coletivamente a forma assalariada, podem estar cumprindo, em última análise, a função de reprodução dentro da lógica do capital.

Isso fica mais evidente quando uma cooperativa é contratada por uma indústria de calçados, por exemplo, mediante repasse de serviços na produção de uma parte do calçado. O objetivo do empresário que contrata a cooperativa é diminuir os custos. E isso se dá de duas formas: pela menor remuneração do trabalho e pela fuga das leis sociais. O custo menor para a empresa, em geral, representa a maior exploração dos trabalhadores cooperativados. Além disso, trata-se de uma relação de extrema dependência da cooperativa às normas e condições que a empresa lhe impõe.

---

21 De acordo com Tavares (2004), erroneamente as concepções clássicas viam o conjunto da atividade produtiva como a soma do segmento moderno (relações assalariadas) e o da subsistência (as formas de trabalho autônomo), como se fossem setores isolados, sem relação alguma entre os dois. Nesta linearidade histórica, seria uma questão de tempo para que o segmento moderno incorporasse gradativamente os contingentes de trabalhadores economicamente ativos até a completa extinção do núcleo de subsistência. Para chegar a isso, bastaria uma política desenvolvimentista e a "distorção" seria corrigida (cf. p. 29).

O exemplo serve para mostrar como a própria legislação favorece possibilidades para o capital, em meio a fronteiras nebulosas da relação capital-trabalho. No caso, existe solidariedade entre os cooperados, mas, em geral, eles se submetem à exploração coletiva do seu trabalho – "um assalariamento solidário", sem garantir direitos equivalentes às leis sociais que os mesmos trabalhadores teriam se fossem empregados individuais. Além do mais, vale lembrar a repercussão negativa que a generalização da forma terceirizada de trabalho representará sobre a arrecadação de impostos para o Estado.

Nos casos de não estar havendo uma intermediação de prestação de serviços através de um empresário, ainda assim as cooperativas com maior grau de autonomia se submetem às regras capitalistas, quando definem "o que", "como" e "para quem" vão produzir. Com raras exceções, vendem seus bens ou serviços no ambiente do mercado capitalista.[22] O simples fato de negarem o trabalho assalariado e até projetarem seu ideal autogestionário para toda a sociedade não significa a superação automática da lógica do sistema capitalista hegemônico. A autonomia e o exercício da solidariedade ficam, em geral, restritos ao âmbito interno e sujeitos aos limites das regras do capital, mesmo que o ideal da economia solidária defenda a primazia do trabalho.

Em decorrência do exposto acima, concluo que o desenvolvimento capitalista não tem razões para combater outras formas de organização com princípios e valores que o contestam, quando estas prestam serviços a setores menos rentáveis das cadeias produtivas. O fato de conviverem diferentes modos de produzir não permite concluir que, na sociedade

[22] No caso das associações ou cooperativas na área da reciclagem, Clítia Martins (2004) – que incluiu na sua pesquisa a Associação dos Recicladores de Dois Irmãos – concluiu que elas vivem "na ambiguidade de não corresponderem exatamente a um movimento social organizado e nem a um grupo 'profissional' estrito senso. Desta maneira, não se inscrevem no setor formal, mas também não são totalmente informais, devido ao vínculo que mantêm com o Estado..." (p. 201), através de convênios mais ou menos formalizados. Em Dois Irmãos, a ARDI participou de processo de licitação pública e consequente contrato. O mesmo acontece com outros empreendimentos solidários que prestam serviços públicos nesta ou em outras áreas.

capitalista atual, coexistam diferentes e autônomos modos de produção. Pelo contrário, enquanto o mercado capitalista for hegemônico, tenderá a permitir e aproveitar-se, inclusive, de diferentes formas de organização da produção para alcançar seus objetivos de máxima lucratividade. Não cabe, pois, sua defesa ingênua como alternativa à crise do modelo capitalista hegemônico, como se o socialismo já estivesse sendo implantado.

Cooperativas de trabalho, empresas familiares e associações de prestação de serviços são apenas modos diferenciados de produzir, porém dependentes do contexto mais amplo da economia. Em última análise, o produto do seu trabalho converge para o mercado, onde "todas as pseudoautonomias se dissolvem" (Tavares, 2004, p. 125). A subordinação do trabalho ao capital ocorre em todas as esferas da produção, do comércio e dos serviços, com diferentes níveis e graus de dependência.

Uma compreensão crítica da economia popular solidária implica a clareza sobre essa limitada ou mesmo impossibilidade de autonomia em relação ao modelo da economia dominante. O que não nega, no entanto, os significados educativos e estratégicos das experiências de trabalho associado; não somente para os sujeitos envolvidos, mas igualmente como experiências inspiradoras que podem contribuir para uma outra cultura do trabalho. A partir de uma ótica dialética, a dinâmica contraditória permite outras possibilidades de pensar a organização da sociedade e da economia. Caso contrário, a humanidade seria presa de um determinismo histórico. A forma de trabalho associado, com base na autogestão, caracteriza-se pela organização e práticas solidárias e uma nova concepção de trabalho, recriando constantemente as utopias. Se outras formas de organização das relações sociais de produção são possíveis, por onde começaria a superação das relações capitalistas de produção senão por uma práxis?

Novas relações de trabalho exigem mudanças no nível estrutural; mas, ao mesmo tempo, a mudança estrutural não acontece sem uma nova concepção de trabalho que se constrói na práxis. A construção de uma cultura do trabalho associado assume as contradições, constituindo-se em mediação entre a antiga forma e o novo modo de produzir, a partir de uma compreensão dialética. Conforme Acácia Kuenzer (1995, p. 14).

O ponto de partida é o trabalho concreto e sua forma pedagógica, organizado segundo os moldes capitalistas; é como ele está se dando: heterogerido pelo capital. O ponto de chegada – a utopia – é o trabalho autogerido e sua forma pedagógica, recuperada de seus vieses idealistas e espontaneístas.

E é nesta perspectiva que valorizo a contribuição de práticas de trabalho associado, embora, em muitos casos, as organizações de economia solidária não detenham a clareza necessária ou então nem se proponham a possibilidade de lutarem por um modelo de produção autogestionária. Como decorrência, uma cooperativa pode simplesmente realizar a "mágica" de fazer desaparecer a relação empregado-empregador, tornando-se um "departamento" da empresa à qual presta serviços. No item que segue, trago uma análise do papel histórico e atual do cooperativismo com as ambiguidades decorrentes da sua utilização como instrumento legal e doutrinário na economia solidária.

2.2.2. O cooperativismo e a expansão capitalista na América Latina

Práticas de solidariedade, sobretudo na forma espontânea ou estimuladas pelas necessidades de sobrevivência, sempre fizeram parte da organização dos grupos humanos.[23] A economia de mercado surgiu após o Renascimento, sem que outros sistemas de reprodução da vida baseados num "mercado" de troca solidária ou formas tradicionais anteriormente

[23] Aqui podem ser feitas referências a experiências históricas semelhantes às que hoje formam o campo da economia solidária: a dos povos andinos (como os Incas) e os Maias (no México), hoje já com uma história recuperada de seis mil anos a.C. pela pesquisa arqueológica que se encontra disponível no Museu Nacional de Lima, Peru. Na América do Sul tivemos a experiência das "reduções indígenas dos Sete Povos das Missões" (1626-1750), a dos Quilombos (a partir do século XVIII); depois as do associativismo e cooperativismo com os imigrantes alemães e italianos (a partir de 1890), entre outras. Estas diferentes experiências solidárias são expressões de um momento/movimento histórico do que hoje designamos economia popular solidária. Assim todas as formas não-capitalistas de organizar a economia, isto é, baseadas no trabalho familiar ou solidário, independentemente do período histórico, podem ser reconhecidas no "popular".

existentes se extinguissem com o surgimento do modo de produção capitalista. Num ambiente em que a economia de mercado avança e é difundida ideologicamente como sendo natural e única, a solidariedade na economia exige um maior investimento em organização e preparação dos trabalhadores para se associarem, produzirem, comercializarem, consumirem ou pouparem.

Em diferentes lugares, épocas e culturas na história da humanidade, surgiram experiências de práticas sociais que foram aproveitadas em outras culturas, por vezes recriadas, mas, em muitos casos, simplesmente transplantadas.

A Grã-Bretanha, pátria da Primeira Revolução Industrial, abrigou, igualmente, o nascedouro do "cooperativismo revolucionário". Num ambiente de extrema exploração do trabalho (inclusive infantil) nas fábricas têxteis (início do século XIX) e depressão em consequência da guerra contra o exército de Napoleão, surgiram as cooperativas operárias e aldeias cooperativas. Junto com os sindicatos, muitas cooperativas operárias engajaram-se na luta contra os capitalistas (Singer, 2002a). Com Robert Owen, o cooperativismo participou do cenário da revolução inglesa mediante proposição, ao movimento operário, de um projeto de produção alternativo ao capitalismo – República Cooperativa. Protagonistas da economia solidária tiveram neste espírito inicial do cooperativismo uma inspiração para o estabelecimento dos seus princípios, adotando, inclusive, a forma legal do mesmo para a sua institucionalização.

Outra experiência de cooperativismo foi a francesa, com destaque a Charles Fourier,[24] que propunha diversos mecanismos para evitar que a sociedade se polarizasse em ricos e pobres. O modelo de organizações associativas proposto por ele expandiu-se, após a sua morte, em 1837, inclusive para além da França.

As nossas heranças cooperativas mais importantes provêm do cooperativismo de consumo que teve origem em Rochdale – Inglaterra, em

---

[24] "Owen e Fourier foram, ao lado de Saint-Simon, os clássicos do Socialismo Utópico" (Singer, 2002a, p. 38).

1844. Os atuais princípios cooperativos,[25] com pequenas adaptações, são os mesmos criados pelos pioneiros de Rochdale. Com grande expansão na Grã-Bretanha e outros países, o cooperativismo de consumo igualmente alimentou o sonho de realizar o socialismo via República Cooperativa, como resultado da generalização do cooperativismo ao conjunto da economia.

Mas nós igualmente fomos contemplados, no Brasil e América Latina, pelo cooperativismo de crédito que surgiu na Alemanha, apenas seis anos após o de consumo. O modelo que mais se desenvolveu aqui foi o projetado para o meio rural – as Cooperativas de Crédito Raiffeisen.[26]

Uma análise histórica da economia solidária dá conta de que houve grandes transformações nos rumos do cooperativismo na relação com o sindicalismo, sobretudo após a Segunda Guerra Mundial. As conquistas de direitos sociais e trabalhistas, através das lutas sindicais, de certa forma, acomodaram o movimento operário a contentar-se com os direitos conquistados em vez de continuar lutando por uma alternativa emancipatória de uma outra economia.

> Esta mudança foi, sem dúvida, uma das causas do crescente desinteresse pela economia solidária e pela tolerância com a introdução do assalariamento nas cooperativas e da "profissionalização" de suas gerências. Em termos quantitativos, o movimento cooperativista nunca deixou de se expandir em plano mundial, mas, qualitativamente, é provável que a sua degeneração tenha se acentuado (Singer, 2002a, p. 110).

O cunho político emancipatório do cooperativismo foi sendo fragilizado, ao mesmo tempo em que serviu de instrumento para a dominação

---

25 Os atuais princípios continuam sendo: adesão livre e voluntária, controle democrático pelos associados, participação econômica dos resultados do trabalho, autonomia e independência, educação solidária e informação, cooperação entre cooperativas, envolvimento e interação com a comunidade.

26 "As cooperativas de crédito foram invenções alemãs: a urbana por Hermann Schulze-Delitzsch, e a rural por Friedrich Wilhelm Raiffeisen" (Singer, 2002a, p. 60) – no sul do Brasil, chamadas de "caixas rurais".

colonial e expansão do capitalismo, em muitas regiões, sendo que sua melhor aceitação se deu junto aos países colonizados por descendentes europeus. As experiências cooperativas desenvolveram-se junto aos descendentes europeus, especialmente alemães e italianos que aqui vieram. Fals Borda (1972) concluiu que o cooperativismo, de estilo europeu, teve mais êxito no sul do Brasil e na Argentina, onde os próprios imigrantes foram os transplantadores. Nos demais países, a transferência dos modelos de Rochdale da Inglaterra – cooperativismo de consumo urbano trazido para o ambiente rural e cooperativismo de poupança e crédito, do tipo Reiffeisen da Alemanha – teve pouco êxito.

Na lógica da dominação colonial, Orlando Fals Borda (*op. cit.*) coloca que o sistema cooperativista, da forma como foi trazido da Europa para a América Latina, era algo estranho. Alguns estudos têm mostrado que as culturas ameríndias e africanas, com suas práticas tradicionais de solidariedade e cooperação, resistiram à formalização de sua organização dentro das regras do cooperativismo institucionalizado (Fals Borda, 1972; Quijano, 2002; Lisboa, 2003). Para Fals Borda, o cooperativismo copiado dos países desenvolvidos constituiu-se um problema de colonialismo cultural. Na sua análise histórica, destaca que o fomento do cooperativismo na América Latina coincide: a) com as épocas de crise econômica dos anos 1927 a 1936; b) com a problemática do pós-guerra e seus ajustes econômicos nos anos 1940; c) com as ameaças do comunismo após os impactos da revolução cubana, a partir de 1960.

Além do mais, o cooperativismo, de modo geral, foi utilizado como instrumento do Estado no processo de "modernização" e apropriado pelo modelo capitalista de produção, com formas tradicionais ou populares de cooperação, sobretudo em momentos de crise social (Adams, 1989). Não se pode negar que, em muitos casos, seus resultados tenham gerado bem-estar coletivo aos cooperados. Mas a história mostra que tais formas não conseguiram produzir mudanças estruturais com algum impacto de oposição e alternativa ao modo de produção capitalista. Como formas híbridas dentro do capitalismo, não contribuíram para a transformação das relações de produção de exploração do capital sobre o trabalho. Restringiram-se a "pequenas unidades de produção socializadas dentro do intercâmbio capitalista" (Tiriba, 2001, p. 173).[27]

De outra parte, apesar da identidade socialista, as práticas cooperativas foram igualmente aparelhadas pelo Estado – nos países socialistas do leste europeu –, que as tornou dependentes e sem a autonomia necessária para o desenvolvimento autogestionário. Quijano (2002) assinala um fato intrigante: o cooperativismo conseguiu sobreviver à avalanche da desintegração do "bloco socialista", nesses países. Cabe, nesta questão, uma interrogação avaliativa: Qual poderia ter sido uma relação adequada entre Estado e o cooperativismo, entre Estado e outros movimentos sociais, nas sociedades socialistas?

Vale ainda mencionar, nessa retomada histórica, uma corrente cooperativista liderada por Gide, que colocou o cooperativismo como uma "terceira via", como alternativa ao capitalismo e ao socialismo. Sua implementação seria possível, de acordo com o autor, mediante um processo de educação dos indivíduos e da multiplicação das experiências de cooperativismo. Certamente esta perspectiva continua como "pano de fundo" de muitos teóricos e ativistas hoje ligados ao campo da economia solidária.

No processo de reemergência da economia popular solidária, que busca valorizar as diferenças e valores culturais, o cooperativismo foi assumido e adaptado na sua prática por muitos setores protagonistas desse movimento, como "instrumento econômico ao lado de outros que os trabalhadores já dispunham para a construção de um projeto alternativo de sociedade" (Adams, 1989, p. 17). A ideia de reemergência contempla, nessa compreensão, a recriação e não a simples transferência do modelo.

---

[27] A autora faz referência às análises de Rosa Luxemburgo.

2.3. Movimentos sociais e ONGs no contexto do "terceiro setor"

2.3.1. Os movimentos sociais e seus (des)caminhos

O movimento da economia popular solidária foi gestado no contexto de reações e proposições dos movimentos sociais no Brasil e na América Latina num ambiente de crescimento e valorização de espaços públicos independentes das instituições do governo e das estruturas de Estado. Esses espaços públicos, como intermediações entre o nível do poder político e as redes da vida cotidiana, requerem simultaneamente os mecanismos da representação e da participação. Com certo esgotamento e frustração das instâncias formais de representação, fortaleceram-se iniciativas de participação direta em todos os níveis: na própria dinâmica dos movimentos sociais, na gestão das políticas públicas com maior participação da sociedade, na economia e outras múltiplas formas de participação popular.

Os movimentos sociais, na sua diversidade de ações coletivas, proliferaram em espaços não-convencionais das estruturas e organizações sociais. Até os anos 1990, caracterizavam-se por condutas reivindicativas de direitos, luta pela ampliação da participação política; e, até certo ponto, exerciam o controle em relação aos objetivos e modo pelos quais os recursos necessários para a vida eram produzidos. Neste último caso, tratava-se de uma disputa relacionada com a própria concepção e direção do modelo de sociedade. A força dos movimentos sociais estava na capacidade de mobilizar solidariedades primárias permitindo flexibilidade, maleabilidade e imediaticidade, em termos de expressão de posições conflituosas e exigências de participação, que organizações mais estruturadas não conseguem assegurar.

De acordo com Alberto Melucci (2001), nas sociedades contemporâneas os movimentos sociais se caracterizam por condutas contemplando diferentes dimensões, como a reivindicativa, política e antagonista.

Movimento reivindicativo: Quando o conflito e a ruptura das regras ocorrem no interior de um sistema organizativo em que a ação de reivindicar vantagens para uma categoria pode mobilizar grupos de trabalhadores marginalizados ou reivindicar uma diferente distribuição dos seus papéis e recompensas.

Movimento político: Exprime um conflito por meio da ruptura dos limites do sistema político. Trata-se da luta pela ampliação da participação nos processos decisórios ou garantias de acesso e abertura de novos canais para além dos limites previstos pelo sistema político.

Movimento antagonista: É uma ação coletiva portadora de um conflito que atinge a produção de recursos de uma sociedade. "Luta não só contra o modo pelo qual os recursos são produzidos, mas coloca em questão os objetivos da produção social e a direção do desenvolvimento" (p. 42).

Contudo, para Melucci não ocorrem movimentos em estado puro, sem alguma mediação no sistema político ou na organização social.

No caso brasileiro, uma corrente hegemônica dos movimentos sociais priorizou a aposta na transformação das estruturas através da via política de conquista do poder do Estado. Práticas sociais locais relacionadas com a luta pela sobrevivência, como grupos de geração de trabalho e renda ou mesmo lutas por direitos básicos, eram vistas com reserva, em geral taxadas de assistencialistas e conservadoras por setores que defendiam a emancipação social pela via política. O fato é que, enquanto para muitos movimentos de cunho político tudo passaria a mudar após a transformação das estruturas via tomada do poder do Estado, multiplicavam-se micro-organizações que foram produzindo processos práticos de vivência com elementos fundamentais afirmados nas mesmas utopias de inspiração socialista.

No Brasil e América Latina, até o final dos anos 1980, uma das formas de expressão predominantes dos movimentos sociais era a pressão e a reivindicação ao Estado e, indiretamente, ao setor privado. No caso brasileiro, o contexto era a volta das eleições diretas, fator que influenciou na alteração da dinâmica das lutas sociais, frente à nova exigência de democratizar os espaços públicos estatais. No plano institucional e governamental, o Estado abriu-se às parcerias com organizações da sociedade, de modo especial em gestões administradas por governos populares. O antigo antagonismo transformou-se em participação na luta para operar na prática as conquistas obtidas na Carta Magna de 1988. Um número considerável de organizações não-governamentais e outros setores preconizava que a fase das mobilizações nas ruas (dimensão reivindicativa e antagonista) e a educação popular e o trabalho de base junto a grupos populares correspondiam a uma etapa já superada. Segundo essa posição, as práticas antagonistas eram típicas do regime militar, e agora a ênfase deveria ser a atuação no plano político no sentido de ampliar a participação nos processos decisórios junto aos governos (Gohn, 2003; Streck e Adams, 2006).

A partir dos anos 1990, as análises sociológicas têm reconhecido uma crise dos movimentos sociais, especialmente dos urbanos, junto aos quais gradativamente cresciam as ações voltadas para a obtenção de resultados, em projetos de parceria, em muitos casos, envolvendo diferentes setores públicos e privados (Gohn, 1997, 2003). As novas formas de gestão das políticas sociais contribuíram para desorganizar os métodos anteriores de os movimentos fazerem suas demandas e reivindicações. Da mobilização exercida como ampliação da consciência crítica ou como protesto nas ruas,

> mobilizar passou a ser sinônimo de arregimentar e organizar a população para participar de programas sociais, a maioria dos quais já vinha totalmente pronta e atendia a pequenas parcelas da população. O militante foi se transformando no ativista organizador das clientelas usuárias dos serviços sociais (Gohn, 2003, p. 6).

Tais mudanças ocorreram juntamente com a era da globalização e implementação de políticas neoliberais, o que resultou em nova conjuntura de lutas e de movimentos sociais. Novos desafios surgiram com o crescimento da economia informal, aumento do desemprego, diminuição do poder dos sindicatos e alterações substanciais na organização do trabalho, sobretudo pela influência das novas tecnologias.

Nessa linha, a chamada "crise dos movimentos sociais urbanos" não significou o desaparecimento nem o seu enfraquecimento como atores sociopolíticos relevantes. Tratou-se de um período de rearticulação, interna e externa, de redefinição de seu papel na sociedade em função de uma nova conjuntura que exigia uma atualização das formas de mobilização e trabalho de base.

> O foco dos movimentos emancipatórios voltou-se, então, cada vez mais para a sociedade civil: multiplicaram-se as organizações não-

-governamentais (ONGs) e movimentos de libertação cuja atuação visa preservar o meio ambiente natural, a biodiversidade, o resgate da dignidade humana de grupos oprimidos e discriminados (de que o zapatismo mexicano talvez seja o paradigma) e a promoção de comunidades que por sua própria iniciativa e empenho melhoram suas condições de vida, renovam suas tradições culturais etc. (Singer, 2002a, p. 112).

Em síntese, os movimentos urbanos avançaram para uma atuação maior nas instâncias institucionalizadas, quer governamentais ou não-governamentais, especialmente na estrutura "híbrida" dos conselhos gestores de políticas sociais como saúde, assistência social e outras. A forma de mobilização antagonista se manteve objetivamente com maior presença no meio rural, sobretudo com alguns movimentos como o MST.[28]

Nesse ambiente, de que maneira os agentes sociais atuantes têm compreendido a possibilidade de fortalecimento da sociedade civil? Margarita Bonamusa (1997, p. 75-78), analisando a sociedade colombiana sobre tal ângulo, sistematizou três modelos de compreensão do seu fortalecimento: as perspectivas sociocêntrica, estadocêntrica e do público.

A perspectiva sociocêntrica parte do protagonismo da sociedade civil na realização da democracia e do surgimento de alternativas de desenvolvimento. Tal visão privilegia a primazia da comunidade sobre o Estado, a partir do foco dos setores populares organizados e de seus apoiadores. Para garantir a autonomia das organizações, mantêm uma "distância" em relação aos órgãos do Estado. O fortalecimento da sociedade civil é compreendido como um processo autorreferenciado, centrado na própria sociedade, em detrimento ao espaço do Estado e do mercado (em parceria ou em conflito com estes).

Na perspectiva estadocêntrica ou neocorporativista, o protagonismo cabe ao Estado, onde o ator principal do espaço público acaba sendo o representante do Estado. Os setores organizados da sociedade buscam

[28] Esta situação passou a modificar-se, não sem tensões, a partir da eleição do Presidente Lula da Silva, quando se ensaiaram ações de parceria entre MST e Governo Federal. Contudo, em função da morosidade dos encaminhamentos da reforma agrária, revigorou o clima antagonista, especialmente a partir do segundo período do governo Lula.

influir sobre os gestores do Estado para direcionar a política em função de seus interesses e para conquistar recursos financeiros em vista de melhorar sua sustentabilidade. As organizações tendem a ficar a reboque e na dependência da atuação do Estado, pois compreendem o fortalecimento da sociedade na relação direta com o Estado.

A perspectiva do público, por fim, relaciona o fortalecimento da sociedade civil com o fortalecimento do público que não se identifica com o estatal. As organizações da sociedade se vinculam à dimensão pública, da defesa dos interesses coletivos e de gestão social voltada ao bem comum. Prevê a interação das organizações com o Estado em espaços de participação, onde o público se coloca como uma mediação transparente entre a sociedade e o Estado. Nessa compreensão, o social e o político deixam de ser esferas separadas, possibilitando uma relação autônoma com o Estado, na medida em que a sociedade é "maior" e o Estado deve ser por ela controlado a partir dos espaços públicos estatais e não estatais.

As possibilidades acima, como referências teóricas, possivelmente aconteçam mescladas em suas características, com ênfase em alguma delas. Desde o horizonte da emancipação social, infiro que, para fortalecer a sociedade, cabe uma postura de projeto de democracia participativa, com clara defesa do público que supere todos os tipos de corporativismos. Como veremos a seguir, a noção de "terceiro setor" pode valorizar a dimensão sociocêntrica, convergindo para a desvalorização do papel do Estado e desvirtuando a perspectiva do público pela sua disposição corporativista.

2.3.2. O "terceiro setor" e suas ambiguidades

O "terceiro setor" surge no ambiente de reestruturação do capitalismo e decorrente reforma do Estado, como uma "designação residual e vaga com que se pretende dar conta de um vastíssimo conjunto de organizações sociais que não são nem estatais, nem mercantis" (Santos, B., 2006, p. 349). A ação de organizações da sociedade começou a ser justificada em função do declínio do papel do Estado. Atuando na esfera pública não estatal, essa multiplicidade de organizações teria a finalidade de suprir o vazio deixado pelo Estado. Em tal ambiente, foi sendo fortalecido, também no Brasil, o chamado "terceiro setor", defendido, inclusive, como forma de enfrentar o desemprego e amenizar a miséria. Nas sociedades capitalistas, o "terceiro setor" foi estimulado

> não pelo mérito próprio dos valores que subjazem ao princípio da comunidade – cooperação, solidariedade, participação, equidade, transparência, democracia interna –, mas para atuar como amortecedor das tensões produzidas pelos conflitos políticos decorrentes do ataque neoliberal às conquistas políticas dos setores progressistas e populares obtidas no período anterior (*op. cit.*, p. 356).

Com sua origem no âmbito das empresas privadas dos EUA na primeira metade do século XX, no Brasil, a ideia de um "terceiro setor" foi "puxada" por algumas organizações sociais. Na concepção norte-americana, o "terceiro setor" compõe-se de organizações formais, institucionalizadas, privadas e independentes do governo que não distribuem lucros, autogerenciam-se, possuindo um grau significativo de trabalho voluntário.

Nos países do Sul, essa concepção exclui a amplidão de iniciativas informais, como no Brasil. Na América Latina, este conjunto de instituições formais e informais designado "organizações da sociedade civil" distingue-se e, por vezes, se contrapõe às organizações do Estado – serviços públicos – e ao mercado – estas de caráter comercial, com finalidade de lucro. De acordo com Lisboa (2003), trata-se de um conceito não consolidado, nem no ambiente acadêmico, nem no universo das organizações associativas e de solidariedade. Caracteriza-se por suas atividades extremamente heterogêneas e contraditórias, um "campo de confusões e debilidades". Inclui um amplo e diversificado leque de movimentos sociais, organizações não-governamentais, fundações de direito privado, entidades de assistência social e de benemerência, associações civis, entidades religiosas, educacionais e culturais com finalidades coletivas ou públicas.

Como já aludi, o conceito de "terceiro setor" veio na carona da compreensão de que o espaço público transcende o estatal. Mas a ambiguidade é inerente em sua utilização para os diversos interesses. Nos últimos anos, contata-se a tendência à predominância de uma acepção que visa incorporar o social na racionalidade econômica do lucro, atribuindo a legitimação do "terceiro setor" às falhas do mercado e à insuficiência do Estado. E, em meio à crise da sociedade, refletida no cotidiano dos movimentos populares, as principais vertentes propagadoras do "terceiro setor" ou da responsabilidade social empresarial jamais relacionam a sua justificativa ao desmonte de políticas sociais pelas políticas neoliberais e sua substituição por parcerias com organizações deste setor (Gohn, 2003). Com esse matiz conservador, destituído de qualquer caráter contestatório, o conceito de "terceiro setor" caracteriza-se como um conceito ideológico e mistificado.

Para Carlos Montaño (2002), o "terceiro setor" é um fenômeno inserido na reestruturação do capital e produto do mesmo, funcional aos princípios neoliberais. Ou seja, constitui-se um novo padrão de resposta às sequelas da "questão social", seguindo os valores da solidariedade voluntária e local, da autoajuda e da ajuda mútua. Mas seu objetivo é, em última análise, retirar o Estado e o Capital da responsabilidade de intervenção no enfrentamento da "questão social": o crescimento da miséria e desigualdade social decorrente do modelo de exploração capitalista, transferindo-a ao "terceiro setor". "O motivo é fundamentalmente político-ideológico: retirar e esvaziar a dimensão de direito universal do cidadão quanto a políticas sociais (estatais) de qualidade; criar uma cultura de autoculpa pelas mazelas que afetam a população [...]" (Montaño, 2002, p. 23). Para o autor, os motivos alegados, como eficiência e razões financeiras, constituem o "conto da sereia". O "pano de fundo" desta argumentação está na concepção de recorte neopositivista, estruturalista, funcionalista, ou liberal que isola e autonomiza a relação entre mercado, estado e sociedade.

De maneira similar, como a "economia informal" assume a função de ser serviçal à lógica de acumulação do capital, o "terceiro setor", em última análise, oculta a dimensão política e tende a agir de forma funcional, complementar à esfera econômica e ao poder estatal, sendo a eles subordinado. As parcerias entre empresas, organizações não-governamentais ou estatais assumem, nesta inter-relação, o papel de arranjos adequados e funcionais às políticas neoliberais. Fatores de ordem estrutural e ideológica imprimem tendências a constantes apropriações das práticas dos diversos atores da sociedade civil para que sejam serviçais, em última análise, ao jogo de reestruturação e hegemonia do modelo de economia de mercado capitalista. Mas trata-se, ao mesmo tempo, de um espaço conflituoso repleto de ambiguidades; uma realidade complexa, não-linear, não-dicotômica, mas contraditória que impossibilita generalizações ou conclusões de cunho determinístico. Com uma permanente avaliação crítica e ações estratégica e metodologicamente planejadas, as organizações da sociedade civil podem, em determinados casos, realizar parcerias, potencializando mediações pedagógicas críticas que contribuam para uma formação emancipadora dos sujeitos envolvidos.

Contudo, é preciso lembrar que, normalmente, quem financia tende a exercer influência nos projetos ou programas assumidos nestas parcerias. Desta forma, a dependência da sustentação financeira levou muitas ONGs e outras entidades assistenciais a redefinir seus objetivos ou mesmo o seu público-alvo. Em muitos casos, organizações críticas ou não afinadas com a institucionalidade hegemônica eram "penalizadas" através de cortes financeiros ou outras maneiras de boicote, por instituições empresariais ou estatais financiadoras. Assim tais entidades ou eram obrigadas a mudar suas opções ou encerrar as atividades por falta de sustentabilidade.

O desafio permanece, e as ONGs precisam constantemente avaliar os processos construídos e seus resultados, tendo presente as contradições implicadas em serviços públicos que, em muitos casos, deveriam ser realizados pelo Estado. Como não permanecer na funcionalidade ao processo neoliberal de despolitização e desresponsabilização do Estado das suas funções sociais, corroborando o esvaziamento do caráter universalizante das políticas sociais afirmadas na Constituição Federal de 1988?

A desestruturação do socialismo real e o desastre social do capitalismo nos indicam a possibilidade de construir outros caminhos para democratizar a sociedade: o social não mais pensado apenas a partir do mercado ou do Estado. Não se trata de preencher o vácuo do descompromisso estatal com ações, muitas vezes, fragmentadas e descontínuas. Quando é assumido, deve haver clareza do saldo que se deseja alcançar em termos de processos de educação e organização dos grupos envolvidos. Caso contrário, práticas e posturas de mera adaptação às regras capitalistas acabam sendo promovidas por ações assistenciais que não questionam o caráter da precarização das condições de produção e reprodução da vida e nem sequer as causas relacionadas ao jogo de reestruturação produtiva do capital geradoras dessa realidade. Neste caso, a educação contribui para a conformação do *status quo* em vez de fazer do trabalho social uma mediação pedagógica para cooperar no processo de formação de um novo *ethos* individual e coletivo, tendo em vista a construção de uma cidadania emancipadora.

Como conclusão desta análise, assumo a demarcação de não-atrelamento da economia solidária ao terceiro setor, tendência presente em certos ambientes europeus e outros países do Norte (cf. SANTOS B., 2006; LECHAT, 2004) onde a economia popular solidária – integrada por pessoas empobrecidas – é compreendida como parte deste setor e alvo da responsabilidade social. Houve, sim, uma crescente intervenção de organizações não-governamentais como promotoras ou apoiadoras de uma diversidade de iniciativas solidárias de geração de trabalho e renda. Tais instituições continuam sendo responsáveis por muitas das mediações pedagógicas, nem sempre emancipadoras, presentes em empreendimentos de economia popular solidária. Mas desta constatação não é possível inferir que estas sejam parte do ambíguo "terceiro setor". Boa parte das organizações civis de caráter popular pretende manter o foco emancipador apoiando as práticas sociais coletivas. Os sujeitos destas continuam sendo os setores da população empobrecida juntamente com uma estratégia educativa e de combate às desigualdades ou injustiças sociais.[29] Este foco, em geral, está ausente nas fundações empresariais que, muitas vezes, se valem de tais iniciativas como meras estratégias de marketing comercial. Mas também é um problema que afeta um bom grupo de ONGs que se constituem como meras executoras de ações sociais para remediar as lacunas da ausência de políticas públicas. Como delegar a tarefa da democratização do Estado e do "espaço público não-estatal" para um

[29] Observa-se, contudo, em razão da gradativa diminuição dos volumes de financiamento da cooperação internacional, que a busca de financiamentos dos projetos das ONGs junto a organismos públicos tem limitado ainda mais a autonomia dessas ONGs, que acabam tendo que se sujeitar às regras do financiador.

"terceiro setor" composto inclusive por organizações de caráter assistencialista, corporativista, não democrático, promotoras de interesses, por vezes, opostos aos da população destituída dos direitos básicos?

2.3.3. ONGs no apoio à organização e à educação na EPS

Organizações não-governamentais tradicionais, como a Cáritas Brasileira,[30] historicamente, receberam apoio financeiro da cooperação internacional para a realização de trabalhos socioeducativos. A partir dos anos 1980, estes organismos direcionavam seu apoio financeiro para ONGs que atuassem em projetos de desenvolvimento, incluindo geração de trabalho e renda. Entre os motivos por eles alegados estava o melhor aproveitamento dos recursos financeiros diretamente à finalidade dos projetos, com baixas despesas administrativas e menor possibilidade de desvios.

Foi a partir da metade da década de 1980 que a Cáritas Brasileira (1995; 2003)[31] estabeleceu, em diversas regiões, entre elas a do Rio Grande do Sul,[32] convênios de cooperação com Misereor e Zentralstelle E. V., um organismo social da igreja católica da Alemanha. Assim, as iniciativas de geração de trabalho e renda existentes tomaram um incremento considerável,

---

30 A Cáritas Brasileira (CB) é um organismo da Conferência Nacional dos Bispos do Brasil (CNBB), criada em 1956, constituindo-se no dia 4 de maio de 1966, em sociedade civil, administrativamente autônoma, de âmbito nacional, de caráter beneficente, de duração indeterminada, tendo sede e foro na cidade de Brasília-DF. Tem por finalidade exercer atividades de assistência social, educação de base, promoção de pessoas, grupos e comunidades e atendimento a emergências (cf. Estatuto Social da Entidade). Em Porto Alegre, situa-se o Regional da Cáritas do Rio Grande do Sul, um de seus dez Secretariados Regionais organizados no país.

31 Sem desmerecer outras organizações da sociedade, destaco a Cáritas Brasileira em função da minha atuação por mais de 20 anos nesta instituição. Mesmo estando desligado dela desde 2003, carrego o lastro cultural deste contraditório campo religioso católico. Vale ressaltar que se tratou, desde o início, de um espaço com postura ecumênica, com diversas ações em parceria com instituições como a Fundação Luterana de Diaconia, que igualmente passou a financiar projetos socioeconômicos nos últimos anos.

32 A Cáritas do Rio Grande do Sul assinou seu primeiro convênio com Misereor em 1986. Algumas Dioceses já mantinham antes dessa data convênios específicos, entre elas, a Cáritas Diocesana de Novo Hamburgo (1983) e o Projeto Esperança de Santa Maria (1986).

contribuindo decisivamente para a reemergência da economia solidária no Brasil. Acolhendo o sentimento de intolerância com a degeneração do cooperativismo tradicional, algumas instituições sociais apostaram na geração de trabalho e renda, qualificação profissional para enfrentar o desemprego e empobrecimento, em vez de simplesmente distribuir donativos para minimizar as necessidades básicas (Adams, 2001; Sarria Icaza e Freitas, 2006). Assim, a Cáritas Brasileira, ainda nos anos 1980, financiou centenas de iniciativas denominadas Projetos Alternativos Comunitários – PACs. "Uma boa parte destes acabou se transformando em unidades de economia solidária, alguns dependentes ainda da ajuda caritativa das comunidades de fiéis, outros conseguindo se consolidar economicamente mediante a venda de sua produção no mercado" (Singer, 2002a, p. 122).

Além da Cáritas Brasileira, outras ONGs entraram em cena atuando nesse campo do trabalho/desemprego, nos últimos vinte anos. Desde 1986, o Instituto de Políticas Alternativas para o Cone Sul – PACS integra o movimento estadual de Socioeconomia Solidária, no Rio de Janeiro, discutindo, formando, informando e fortalecendo grupos informais ou formais de produção e associações autogestionárias.

Da mesma forma, o Centro de Assessoria Multiprofissional – CAMP, ONG que iniciou sua atividade em 1983, a partir da década de 1990 passou a dedicar-se à construção de um desenvolvimento duradouro, com novas formas de relações econômicas com base na cooperação e solidariedade. Assim, tornou-se um fator fundamental na organização e articulação da EPS no Rio Grande do Sul, fortalecendo uma rede nacional e internacional de cooperação e solidariedade.

O MST criou em 1989 o Sistema Cooperativista dos Assentados para articular milhares de famílias organizadas em cooperativas autogestionárias existentes no Brasil.

Em 1991, após casos isolados de tomada de empresas falidas por seus trabalhadores, foi criada, em São Paulo, a Associação Nacional dos Trabalhadores em Empresas de Autogestão e Participação Acionária – ANTEAG.

A partir de 1995, associaram-se ao movimento nacional de economia solidária também entidades universitárias como a Rede de Incubadoras

Tecnológicas de Cooperativas Populares – ITCP e a Rede Interuniversitária de Estudos e Pesquisas sobre o Trabalho – Unitrabalho.

Em 1999, a Central Única dos Trabalhadores criou a Agência de Desenvolvimento Solidário – ADS, para fomentar empreendimentos de economia solidária. Este leque ampliou-se ainda mais com a multiplicação de ONGs – mas também de governos – que passaram a atuar em processos diretos ou indiretos de apoio à economia solidária.

Mas vale observar que nenhuma das instituições acima citadas, ou outras que atuam no campo da economia solidária, assumem uma filiação consciente ao “terceiro setor”. Pelo contrário, em geral, existe um posicionamento crítico em relação à utilização do conceito, preferindo situar-se entre as organizações da sociedade civil, do campo da educação ou pastoral popular, parceiras dos movimentos sociais populares.

Para compreender a natureza das especificidades da visão de mundo, postura e modo de agir dos agentes educadores das entidades ou gestores-educadores dos empreendimentos solidários, é fundamental explicitar aspectos deste contexto histórico em relação às heranças que constituíram o *ethos* dos educadores. Suponho que a formação destes, em geral, assimilou aspectos da tensão entre um idealismo influenciado pela mística cristã libertadora e a perspectiva histórico-crítica “filtrada” por concepções da teologia da libertação. Em função disso, faço a breve inserção neste substrato de um *ethos* característico do campo religioso católico, cujos elementos estão presentes nas tonalidades das mediações pedagógicas intencionalmente planejadas, mas também na própria organização e motivação presente nos empreendimentos solidários.

2.3.4. Educação em EPS e as influências de um ethos *religioso*

Março de 2006. Nosso filho pediu que comprássemos balões brancos e pretos para enfeitar o ambiente para a festa de seu aniversário de oito anos. Minha esposa e eu, embora surpresos, não questionamos e respeitamos o seu pedido.

Às vésperas do aniversário, estávamos, juntamente com ele, buscando uma forma de colar os balões na parede atrás da mesa, em forma de coração: "Balões brancos por dentro e os de cor preta por fora?", perguntei. Daniel entrou enfaticamente: "Não, é assim. Os balões pretos e brancos devem ficar todos misturados". Perguntamos: "Mas por quê?". Eis o seu argumento: "Os balões brancos representam as coisas boas; e os pretos, as coisas ruins. Não dá para separar as coisas boas e ruins na vida da gente. Elas estão sempre misturadas!".

Imediatamente nos questionamos de onde teria vindo tal compreensão. Eu cursei filosofia, e ele que é o filósofo? Teria captado isso de algum desenho animado na TV? Logo a identificação do preto como ruim e do branco como bom...! Isso seria uma doutrinação racista que alguém incutiu na cabeça desta criança?

Seja como for, fiquei pensando... Daniel não foi tão doutrinado pela visão maniqueísta do mundo quanto a minha geração. Pelo menos não até agora! Para ele, a dimensão contraditória parecia um dado normal com a presença de coisas "positivas" e "negativas" na realidade. Para mim, não. Classifico e invisto na eliminação do que julgo não ser "bom", por ter aprendido que a contradição seria a corporificação do pecado, da imperfeição, e que a harmonia seria o bem, o perfeito.

Os cristãos católicos – isso acontece por vias similares igualmente, em outras denominações religiosas – trazem na sua visão de mundo heranças do modelo da cristandade marcado pela doutrina secular do Concílio de Trento, em que predominava a compreensão maniqueísta. Esta classificava, de forma simplista, as realidades em boas (puras, perfeitas) ou más (ruins, imperfeitas), associava a condição humana (da sociedade) ao mal, entendia que a Igreja era a portadora das características da sociedade perfeita e que cabia a ela impor este seu modelo a toda a humanidade. Falando e agindo em nome de Deus, a hierarquia da Igreja sempre se atribuiu a autoridade para definir o critério de verdade, sendo a juíza em relação ao que era certo ou errado. Ela era a mediadora da salvação. Acima do bem e do mal, exercia o controle social e moral sobre todos os níveis da vida individual e social. Todas as organizações da sociedade e poderes políticos estavam submissas, subordinadas a esse controle.

Vieram as grandes transformações culturais, econômicas e políticas geradas pela modernidade (especialmente a partir do século XVIII, com a introdução da ciência e da revolução industrial). E, a partir do modelo tridentino, a Igreja, centro de tudo, negou as novas compreensões iluministas. Considerava-se fora, acima, e não parte da sociedade. A partir dessa lógica triunfalista e salvadora, entendia que suas obras deveriam ser exemplos perfeitos no meio do mundo (mau). A política, a economia, a cultura eram vistas com reserva quando não comparadas à coisa do demônio.

Essa visão dicotômica que marcou a concepção de ser humano e sua relação com a sociedade deixou também a marca negativa sobre a ideia de trabalho que, como parte do mundo mortal e imperfeito, significava a "labuta penosa, à qual o homem está condenado pelo pecado" (Albornoz, 2000).

Até a separação formal entre Igreja e Estado (aqui no Brasil oficialmente a partir de 1891), contraditoriamente, a hierarquia da Igreja Católica assumia ou influenciava decisivamente o poder político nos diversos níveis. Isso possivelmente ainda como uma herança do Feudalismo. Com raras exceções (de alguns profetas), a hierarquia aliava-se aos poderes constituídos e poderosos ("benfeitores"). Mantinha um controle direto sobre os gestores do Estado, prática que manteve, de forma mais ou menos intensa, até a segunda metade do século XX. Enquanto isso, as instituições católicas (ordens, congregações religiosas e obras sociais) assistiam os que – "por destino ou falta de sorte" – estavam à margem da sociedade: os empobrecidos, cujo número, no caso brasileiro, crescia a partir dos anos 1940, em decorrência do modelo de urbanização/industrialização adotado no país. Cabia às instituições eclesiais, e depois à assistência social, amenizar as "chagas" da crescente massa de excluídos pelo avanço do capitalismo tardio e dependente que aqui se instalava.

O crescimento da desigualdade com toda ordem de problemas sociais resultantes do avanço da industrialização capitalista gerou uma crescente preocupação em muitos setores da sociedade, entre eles, diversas Igrejas (religiões). Durante o século XX, novas compreensões, antes marginais, ampliaram sua influência também no seio da Igreja Católica. Diferentemente da época da reforma protestante, setores da hierarquia tornaram-se mais sensíveis aos desafios, buscando ressituar-se ante os novos tempos.

Entre as visões que se fortaleciam, especialmente a partir da década de 1950, estava a que desembocou na teologia da libertação, que, por sua vez, influenciou os resultados das profundas reformas propostas pelo Concílio Vaticano II da Igreja Católica (1964-1967).

Diferentemente do paradigma da cristandade – a Igreja se colocava fora do mundo –, na visão deste Concílio a "Igreja como povo de Deus" introduziu uma compreensão menos teocrática e redefiniu o papel da hierarquia como serviço e não como detentora do poder e da verdade. Ou seja, ela deveria ser concebida como parte da sociedade ("fermento na massa") e não fora dela, para constituir o "Povo de Deus" com um sentido espiritual, mas igualmente contribuindo para a organização e formação política deste povo. Cabia-lhe assumir sua contribuição para a instauração da justiça social onde desenvolvimento não significasse apenas crescimento econômico, mas melhoria da qualidade de vida para todas as pessoas e povos.

Esta concepção revolucionou o ambiente da igreja católica, a partir dos anos 1970, e passou a ser um reforço para a multiplicação das Comunidades Eclesiais de Base – CEBs – e pastorais sociais populares. Com apoio de alguns setores da hierarquia, tais organizações colocavam-se como parceiras junto a outros atores na sociedade, especialmente os da área da educação popular. Os agentes das CEBs e agentes de pastoral popular assumiam uma visão crítica em relação aos poderes constituídos, na medida em que suas políticas geravam a marginalização de grande parte da população. Sua tarefa era organizar e educar o povo oprimido numa perspectiva integral, articulando as diversas dimensões da vida individual e social.

Evidentemente, as práticas de tais agentes não ficaram imunes à marca redentora e salvacionista – entendida como transformação certa, por ação direta ou indireta de um ser externo (Deus). A referência da crítica à realidade social era uma essência, uma verdade exterior ao mundo real. As posturas utópicas e idealistas dos agentes de pastoral mesclavam-se a partir da análise das contradições da sociedade capitalista formada por "opressores e oprimidos". As lideranças das CEBs eram formadas para uma vivência religiosa desde o lugar do pobre:

"Como viver a fé num mundo de miseráveis?". Juntamente com a formação para a vivência religiosa comprometida com a libertação do povo oprimido, o conteúdo sociológico para a compreensão crítica da sociedade capitalista embasava-se numa releitura bíblica, valorizando elementos da teoria marxista. Talvez, na maioria dos casos, se desse um grande peso ao estudo dos "aparelhos ideológicos" com base no estruturalismo de Althusser.

Durante o período da ditadura militar no Brasil, muitos agentes de pastoral, especialmente das CEBs, Pastoral da Terra e outros movimentos de inspiração religiosa,[33] foram identificados como comunistas pela atuação na organização do povo e na defesa dos direitos humanos, reforma agrária e justiça social. Nesse período, as posições da hierarquia, em documentos e pronunciamentos, foram decisivas para amenizar a violência do poder militar contra os seus opositores. A "caixa-preta" do Estado estava fechada a "sete chaves", e os mecanismos de controle social sobre a ação estatal praticamente inexistiam. A Conferência Nacional dos Bispos do Brasil – CNBB – era uma das poucas vozes que se manifestava, exercendo algum controle sobre os exageros da ditadura, em favor dos direitos humanos e sociais.

Com a abertura democrática (a partir de 1980), a sociedade retoma a mobilização social/política. E, nesse período, alguns expoentes da CNBB continuavam apoiando a organização da sociedade. Estimulavam a participação democrática (eleições diretas), democratização do acesso aos bens e serviços públicos como saúde, educação, trabalho, moradia, reforma agrária etc. Setores da Igreja, por vezes, mesmo com perspectivas contraditórias, participaram do Movimento de Constituinte (com assinaturas e pressão junto a deputados constituintes em

[33] Lembro aqui os movimentos e organizações, nos anos 1960, como o Movimento de Educação de Base – MEB, a Ação Católica Operária – ACO e a Juventude Agrária Católica – JAC, Juventude Estudantil Católica – JEC, Juventude Operária Católica – JOC e Juventude Universitária Católica; e, a partir de meados da década de 1970, a Comissão Pastoral da Terra (que deu apoio decisivo ao nascente Movimento dos Trabalhadores Rurais Sem-Terra – MST), a Pastoral Operária e outros.

favor de propostas que deveriam integrar a Constituição Federal). Diversas pastorais sociais e organismos da Igreja Católica (como a Cáritas Brasileira) tiveram uma atuação marcante, sobretudo na organização e educação de base, com forte influência de Paulo Freire, junto às comunidades de periferias urbanas e rurais. Entre os processos fortalecidos estavam as experiências de geração de trabalho e renda que vieram a compor, com outras iniciativas, o campo da economia solidária.

A partir dos anos 1990, diversas organizações e setores das pastorais sociais populares – entre eles o caso da Cáritas Brasileira –, frente a crescente onda de desemprego, passaram a entender que a população em processo de marginalização, de oprimida, passava a ser excluída. Uma das formas de combater a exclusão[34] social passou pela revalorização do fator econômico com a multiplicação de experiências alternativas de geração de trabalho e renda, mais ou menos articuladas ao fator político-ideológico. Em muitos casos, o processo de organização de grupos de pessoas excluídas passou a ser realizado através de práticas sociais de inclusão limitadas ao nível comunitário local. Outros setores ligados a agentes de pastoral com militância política, inclusive partidária,[35] acreditavam que a transformação social ocorreria pela tomada do poder, mas articulada com a multiplicação de experiências localizadas, em cujos espaços se daria o processo ético-político de formação e organização do povo excluído (Caritas, 1994). A compreensão de exclusão referia-se, ao mesmo tempo, à população "descartada" ou apartada das oportunidades e direitos, bem como às pessoas que eram gradativamente expulsas ou precarizadas no mercado de trabalho, como resultado do atual modelo de produção e mercado capitalista concentrador e excludente. Com a automação decorrente de novas

---

[34] O tema da exclusão foi foco da Campanha da Fraternidade de 1995, evento desenvolvido anualmente pela Igreja Católica com problemática social diferente por ocasião da quaresma. Uma análise crítica em relação à utilização do conceito difuso de "exclusão" dá conta de que o novo contexto de crise das utopias – queda do socialismo real – e a reestruturação do capitalismo neoliberal na forma globalizada influenciaram a propagação da ideia de inclusão social junto a diversos setores do campo cristão católico.

[35] Preponderantemente os agentes cristãos católicos eram simpatizantes ou militantes do partido dos trabalhadores – PT.

tecnologias, os robôs e processadores eletrônicos começam a substituir mão-de-obra humana. "Então, além da dominação e exploração, as relações passam a ser de exclusão de boa parte dos trabalhadores do direito ao trabalho digno. [...] É dentro desse contexto histórico que a exclusão deve ser entendida" (Guareschi, 2008, p. 144).

A categoria "exclusão", crescentemente utilizada também nos setores acadêmicos a partir dos anos 1990, passou a ser alvo de análises críticas de diversos sociólogos, como José de Souza Martins. O autor chama atenção para os limites do ambíguo conceito, na medida em que credita aos cidadãos integrados ao mercado consumidor a "referência para definir o destino das vítimas extremas dessa mesma sociedade que exclui" (Martins, 2002, p. 43). A economia solidária desenvolvida no âmbito desta compreensão tendeu a reduzir a finalidade dos empreendimentos solidários a uma inclusão de indivíduos ao atual mercado consumidor. Mascara-se, desta maneira, uma precarização das condições de trabalho que alguns autores têm identificado como "inclusão excludente" (Oliveira, A., 2004; Kuenzer, 2006a). De acordo com a opção assumida, a economia popular solidária, ou outra prática social, tanto pode contribuir para a formação de um *ethos* favorável a emancipação social como para perpetuar uma acomodação ou comportamento passivo de uma população meramente incluída no mercado consumidor.[36] Ou, como explicita Pedro Demo (2002), pode levar a práticas de solidariedade como "efeito de poder", como um novo assistencialismo que não relaciona a compreensão das situações de pobreza com a desigualdade social e suas causa.

Concluo que o conceito "exclusão social", quando utilizado, precisa ser situado nos seus alcances e limites. Como conceito descritivo (Oliveira, A., 2004), pode contribuir pedagogicamente para compreender mais apura-

---

[36] De acordo com a análise da reestruturação capitalista na perspectiva da dialética materialista, o contingente da população empobrecida está incluído na lógica do modelo capitalista hegemônico. A exclusão é inerente ao capitalismo, e não um quadro patológico passível de superação no modo de produção capitalista. Em última análise, a exclusão é constituinte da lógica da produção e reprodução do capital e, ao mesmo tempo, resultante de processos históricos mediados por relações de desigualdade e exploração econômicas (Martins, 2002).

damente processos de marginalização existentes em diferentes âmbitos. No setor econômico-produtivo, pode ampliar a compreensão no que se refere à negação de direitos relacionados ao trabalho, à produção material da vida. Na esfera das relações político-sociais, pode facilitar a análise das precariedades de acesso/exercício aos direitos sociais e políticos. Já na dimensão simbólico-cultural, oportuniza a elucidação dos meandros de muitas formas de discriminações, estigmatizações e barreiras que limitam ou impedem uma convivência de respeito e valorização das diferenças. Mas estes e outros processos de marginalização na sociedade[37] não conotam uma exclusão absoluta, irreversível, definitiva. A resposta normalmente pensada para a exclusão acaba sendo a inclusão social. Prefiro utilizar o termo emancipação social para evitar uma compreensão de uma simples inclusão "dos excluídos" ao mercado consumidor, o que é plenamente desejado pelo capitalismo.

2.3.5. Bases de um ethos *pastoral-militante e suas incidências sobre a EPS*

Enrique Dussel, um dos expoentes latino-americanos[38] da filosofia e teologia da libertação, e outros teólogos davam suporte teórico e espiritual a diversas pastorais e movimentos cristãos de base. Integrando e adaptando conceitos marxistas juntamente com uma visão histórica e teológica da Bíblia, as noções de povo oprimido (classes exploradas), comunidade, libertação e nova sociedade foram concepções assimiladas pelos militantes e agentes de pastoral. O povo eram os oprimidos, as classes dominadas (não capitalistas), o "sujeito histórico" no sentido gramsciano. O "pobre" era o

---

[37] Stoer *et al.* (2004) analisam o "par" exclusão/inclusão social por meio de cinco lugares: o corpo, o trabalho, a cidadania, a identidade e o território, compreendendo a exclusão social como um fenômeno multidimensional que se manifesta em tipos e níveis diversificados em diversas dimensões da vida, na relação com as suas causas e consequências.

[38] Entre outros teólogos latino-americanos como Gustavo Gutiérrez, Jon Sobrino, Pablo Richard, Juan Luis Segundo etc., podemos citar alguns brasileiros como Dom Helder Câmara, Dom Pedro Casaldáliga, Dom Tomás Balduino, Clodovis Boff, Leonardo Boff, Frei Betto, Pe. Orestes Stragliotto, Ir. Antônio Ceccin, Hugo Assmann e outros (Boff, L. e Boff, C., 1985, p. 100).

sujeito coletivo[39] (Boff, L. e Boff, C., 1985). Como o povo era vítima e introjetava em si mesmo a ideologia e a cultura dos dominadores, a evangelização e a organização política eram necessárias. Afirmava Dussel: "O povo como dominado é massa; como exterioridade é reserva escatológica; como revolucionário é construtor da história" (Dussel, 1986, p. 97).

A teologia ético-comunitária propunha o enfrentamento da questão das classes a partir de uma compreensão cristã em que a desigualdade, a injustiça e a morte do pobre eram a materialização do pecado.

> A desigualdade, a injustiça histórica e hereditária, a morte do pobre, a existência de uma classe dominada [...] é sempre fruto do pecado, da dominação... No Reino de Deus não haverá pecado nem pecador: não haverá classes. Será uma comunidade sem classes [...] (Dussel, 1986, p. 189).

O povo não era apenas o bloco social dos oprimidos. Ele tinha práticas comunitárias, externas ao sistema, consideradas por este como inúteis, "inexistentes", insignificantes, improdutivas, que não geravam riqueza para o capital. Mas eles contam com a riqueza da cultura popular, seus costumes, suas formas de se relacionar solidariamente, a comunicação, a convivência.

> O povo sabe estabelecer as relações comunitárias quando o pobre crê no pobre, quando ajuda o pobre, quando ama seu irmão que está em desgraça. Todos estes aspectos exteriores ao sistema de dominação constituem a positividade do povo e a afirmação a partir de onde se origina a libertação (Dussel, 1986, p. 99).

Aqui o foco estava sobre a parte do povo não incluída na classe operária (empregada). A noção de povo na teologia da libertação incluía toda a produção e "economia subterrânea" – hoje seria economia

---

[39] Para Leonardo e Clodovis Boff, o pobre inclui "as classes populares que englobam muito mais que o proletariado estudado por Karl Marx. O 'pobre' são os operários explorados dentro do sistema capitalista; são os subempregados, os marginalizados do sistema produtivo [...], os peões e posseiros do campo, os boias-frias e outros. Todo este bloco social histórico dos oprimidos constitui o pobre como fenômeno social" (*op. cit.*, p. 14).

informal –, como era chamado o modo como as pessoas se ajeitavam para sobreviver em meio à superexploração.

A visão presente dava conta de que esse povo vivia um processo histórico ambíguo, entre a utopia e a alienação. Carregava dentro de si a introjeção alienante do sistema, contra o qual precisava lutar constantemente com a ajuda de agentes de pastoral. Contudo, sua predisposição para a solidariedade, estimulada pelas relações face a face com os companheiros, animada pela comunidade eclesial de base e fortalecida pelo Espírito, gerava a vivência dos valores do Reino de Deus. Nesse sentido, eram comunidades utópicas porque se situavam fora do sistema. E é nesse bojo que nasceu a Teologia da Libertação, mais como "um fenômeno eclesial e cultural" do que pensamento de um grupo de teólogos. Foi na prática das CEBs que surgiram os "teólogos populares", agentes ecumênicos que eram, ao mesmo tempo, pastores, educadores, analistas, intérpretes, articuladores, irmãos de fé e companheiros de caminhada.

Em síntese, a experiência cristã acrescentava algo novo ao processo do povo, à sua vida: uma dimensão transcendental. E é sobre essa práxis libertadora da comunidade cristã e do povo de Deus que se edifica a Teologia da Libertação como reflexão sobre a luta do povo. Uma "luta de libertação contra o pecado, contra a dominação, contra a injustiça e o roubo econômico, o autoritarismo político, a alienação ideológica, o machismo" (Dussel, 1986, p. 101).

Nessa visão, o pecado era a relação de dominação que se estabelecia na sociedade. Do ponto de vista da ética, dava-se um peso maior para o pecado estrutural sempre invisível para a moral vigente. Um desses pecados estruturais era a relação capitalista entre trabalho e capital. Todo capital é fruto do trabalho. Portanto, toda acumulação de capital acaba sendo, direta ou indiretamente, expropriação do trabalhador.

> O capital tem a pretensão, como um verdadeiro deus, de produzir lucro "do nada". Seu caráter idolátrico, fetichista, ignora a origem de todo o valor que contém e acumulou. Crê que foi ele próprio que o produziu. A pessoa do trabalhador é nada em tal processo (Dussel, 1986, p. 147).

Essa relação de dominação e dependência também era analisada no nível das nações. A Conferência Episcopal Latino-Americana de Medellín (1968) ratificou princípios essenciais da teologia da libertação: "Queremos sublinhar que os principais culpados pela dependência econômica de nossos países são aquelas forças que, inspiradas no lucro desenfreado, levam à ditadura econômica e ao imperialismo internacional do dinheiro".[40] Na visão dos bispos, "dependência" era o nome de um pecado internacional estrutural pelo qual os povos eram explorados, prejudicados na sua vida, sobretudo os mais pobres. A idolatria do capitalismo mundial se realizava concretamente como transferência de vida do trabalhador de um país periférico para um país central.

Para a Teologia da Libertação, a existência das classes e de países exploradores é o fruto do pecado de quem domina: a classe dominante sobre a dominada; ou países ricos (Norte) sobre países pobres (Sul). Enquanto a classe dominada sofria calada, paciente, com sentimento de culpa pelo pecado do opressor, a contradição não aparecia. A classe dominante mantinha-se pela hegemonia ideológica: a injustiça se disfarça de paz; a acomodação e a apatia são colocadas como sinônimo de ordem e bondade.

As orientações da teologia da libertação, e mesmo de algumas Encíclicas Sociais, trouxeram referências fundamentais para apoiar as comunidades a enfrentar as questões do mundo do trabalho: questões da terra, da moradia, da ecologia, da cultura etc., mas também a questão da propriedade privada versus socialização dos meios de produção.

Mas, no âmbito mais amplo da Igreja, a visão hegemônica era contrária à teologia da libertação. Grande parte da hierarquia e dos católicos praticantes defendia a convivência pacífica das classes antagônicas, evitando o conflito. Grande parte dos cristãos não apoiava a reação e resistência do povo que se organizava para lutar por seus direitos porque tais práticas seriam geradoras de conflitos!

---

40 CELAM, 1968, Doc. Final, 2. Paz, 9.

Nesse contexto ganhou destaque a ideia do profetismo. Profetas e profetisas eram os agentes de pastoral (um grupo de agentes "leigos e leigas",[41] de pessoas do clero, de congregações religiosas e alguns bispos) que historicamente se posicionaram na defesa do povo oprimido, em nome de Deus. Mesmo minoria, sua prática e teimosia alimentaram a mística dos que trilharam os caminhos da pastoral popular.

Sob o ponto de vista da educação popular, as propostas pedagógicas decorrentes da Teologia da Libertação indicavam claramente a superação tanto do assistencialismo como do reformismo. O assistencialismo era considerado gerador de dependência dos pobres, que ficavam atrelados às ajudas e decisões dos outros, não podendo ser sujeitos da sua própria libertação. O reformismo tentava melhorar a situação dos pobres, mas mantendo as relações sociais de dominação e a estrutura que gerava cada vez mais ricos à custa dos pobres cada vez mais pobres (Boff, L. e Boff, C., 1985, p. 16). A partir de uma explicação dialética da pobreza como opressão, mediações práticas articulavam o discurso com ação libertadora (de caráter espiritual e social).

A partir do *ethos* pastoral, a visão metodológica em vista de uma pedagogia libertadora assumiu a cultura popular, numa oscilação entre o "basismo"[42] e uma acepção crítica. A visão de Enrique Dussel (1977, 1980, 1986, 2000), Carlos Rodrigues Brandão (1983) e Paulo Freire (1981) orientava a postura e a prática pedagógica dos agentes de pastoral. Os valores desprezados e até não reconhecidos pelo próprio povo deviam ser estudados cuidadosamente para serem incrementados desde uma nova "pedagogia do oprimido". "É na cultura popular, mesmo tradicional, que

[41] Na linguagem eclesial, leigos e leigas são todas as pessoas que integram o chamado "povo de Deus", mas que não fazem parte do clero.

[42] De acordo com Freire, compreendo aqui o *basismo* como a crença de que o senso comum do povo (a base) seria detentor da verdade e da capacidade para encontrar o caminho da emancipação, sem necessidade de uma reflexão teórica mais aprofundada com apoio das diversas ciências. Significa a ruptura com a unidade dialética entre prática e teoria. O contrário do basismo é o vanguardismo e o academicismo. O vanguardismo não valoriza o saber popular, colocando toda a responsabilidade do processo emancipatório no papel da liderança. Já o academicismo pode ser identificado com a monocultura do conhecimento científico que despreza os demais saberes.

a revolução cultural encontrará seu conteúdo mais autêntico" (Dussel, 1980, p. 97).

A libertação do oprimido, nessa compreensão, é realizada por ele próprio, mas por mediação da consciência crítica despertada pelo mestre condutor. Esse caminho passa pela libertação da cultura na qual o oprimido como oprimido reproduz a cultura imperial dominante nele introjetada. A revolução cultural de libertação deve partir da cultura popular, o núcleo mais profundo, o *ethos*. Tal cultura, com suas ambiguidades, carrega, ao mesmo tempo, os símbolos, os valores, os usos, as tradições da sabedoria, a memória de compromissos históricos.

> A cultura popular, longe de ser uma cultura menor, é o núcleo mais incontaminado e irradiativo de resistência do oprimido contra o opressor. Mas não se deve crer no espontaneísmo. O povo sozinho não pode libertar-se. O sistema lhe introjetou a cultura de massas, o pior do sistema (Dussel, 1980, p. 100).

Os agentes de pastoral procuravam assumir um projeto pedagógico de libertação com a contribuição de Paulo Freire no Brasil e América Latina com sua proposta pedagógica de alfabetização e conscientização[43] do povo. A prática cristã, militante e educativa se articulava com o compromisso de contribuir com a classe dominada na tomada de consciência do pecado, da dominação sobre sua pessoa, suas estruturas e seu grupo. Construir essa comunidade sem classes significava construir o Reino já, aqui e agora, "sabendo que nesta história, essa comunidade perfeita nunca poderá se realizar totalmente" (Dussel, 1986, p. 191).

---

[43] Para Freire (1981, p. 94), a conscientização implica a reflexão crítica e denúncia das injustiças e anúncio de outra realidade, em meio a práticas da ação transformadora pela qual se concretiza o anúncio. No livro *Ação cultural para a liberdade*, escrito em 1971, segunda edição divulgada em 1977, o autor versa sobre o papel educativo das igrejas na América Latina, justamente durante a ditadura militar, afirmando que elas não podem ficar numa posição neutra, mas devem assumir o lado do povo oprimido, denunciando a opressão e anunciando a utopia da sociedade em transformação.

Com a reflexão acima caracterizo aspectos do *ethos* do agente de pastoral, aqui brevemente expresso, que condiciona e marca o agir pedagógico de gestores-educadores de empreendimentos, educadores e assessores de muitas das instituições que atuam no campo da economia popular solidária. Além das que têm um vínculo institucional com o campo religioso, há outras nas quais atuam educadores, e mesmo pesquisadores portadores de elementos de um *ethos* religioso, portadores de algumas concepções típicas. As características deste *ethos* estão presentes e influenciam o modo de conceber a educação – tanto nas concepções relacionadas aos conteúdos como no método –, o comportamento, as posturas, o modo de agir, reagir, de construir e reconstruir, de relacionar-se etc.

Os aspectos fundantes do campo religioso referidos contribuíram decisivamente para a compreensão e prática dos agentes de pastoral e educação popular. De acordo com Streck (2005), a educação popular tem especialmente em duas igrejas uma de suas importantes raízes. A partir da Conferência Latino-Americana de Medellín (CELAM, 1968), a Igreja Católica assumiu uma perspectiva do Sul contrapondo à pastoral tradicional uma pastoral popular; ao transplante dos problemas e visões do primeiro mundo propôs a ótica dos pobres. Na área pedagógica destacou-se o CELADEC, organismo ecumênico criado pela IECLB em 1962, dando destaque à questão da contextualização na prática e reflexão educativa das igrejas. Estes e outros processos facilitaram um diálogo ecumênico com a sociedade estabelecendo processos de interação com práticas de educação/pastoral popular.

Com tal substrato carregado de elementos religiosos, antropológicos, sociológicos, pedagógicos, entre outros, desenvolveram-se boa parte das ações educativas junto à economia popular solidária no Rio Grande do Sul.[44] E, possivelmente, em nosso país, grande parte das experiências,

[44] De 43 entidades que participaram da Sistematização de Experiências de Formação em Economia Solidária no Rio Grande do Sul, 15 delas são diretamente vinculadas a instituições religiosas, 14 da Igreja Católica e uma da IECLB (cf. Camp, 2007). As demais entidades sem esta vinculação formal abrigam educadores oriundos de setores populares com alguma influência do campo religioso.

como a da Associação dos Recicladores de Dois Irmãos, são animadas por gestores-educadores com características deste *ethos* religioso "florescido", de modo especial, na década de 1980, no ambiente das CEBs, pastorais e movimentos sociais populares.

— 3 —

AS MEDIAÇÕES PEDAGÓGICAS DO TRABALHO ASSOCIADO: A EXPERIÊNCIA DA ASSOCIAÇÃO DOS RECICLADORES DE DOIS IRMÃOS – ARDI

A materialidade da reflexão trazida nos dois capítulos anteriores está ancorada em uma experiência acompanhada por mais de dois anos (2005 e 2006) através de uma processo de pesquisa-formação. Com o sentido de articular teoria e prática, trago o empreendimento da ARDI, não para generalizar, mas para referenciar a reflexão a partir de um lugar, situado no tempo e no espaço, num contexto histórico concreto.

3.1. Das cinzas pode nascer a vida

AMOR-AÇÃO[1]

De um lado o consumo desenfreado.
De outro, um ponto de interrogação.

---

[1] Este poema nasceu no processo de sistematização dos dez anos de história da Associação e foi publicado na contracapa do livro *Vivendo e Reciclando,* 2005.

Em ambos os lados, a presença da contradição.

De um lado, o cuidado e a preservação.
De outro, a vida e seus elementos em degradação.
Em ambos os lados, o grito e, às vezes, o gemido da vida em tensão.

Do lado do prazer egoísta que escraviza, a "coisificação".
Do lado do cuidado, a esperança, mudança de rumo: conversão.
Em todos os lados, a teimosia: um outro mundo em construção.

Graças a Deus... Sentido de quem luta contra o determinismo:
Vivendo e reciclando: uma grande dose de *amor-ação*.

No ano de 1993, a Prefeitura Municipal de Dois Irmãos[2] foi pressionada pela Fundação Estadual de Proteção Ambiental (FEPAM). Motivo: o lixo da cidade de pelo menos duas décadas (1970-1980) era encaminhado até a divisa com Sapiranga (Estrada da Picada Verão), onde era depositado perto de a um riacho. A queima do material gerava mau cheiro e fumaça. Com a interdição pelo Ministério Público, não houve outra saída para o governo municipal senão "mexer nas cinzas" e encaminhar a transformação do antigo galpão, distante do curso d'água, antes lugar de queima, em um espaço de reciclagem de materiais.

No mesmo ano de 1993, com a orientação da Fundação Estadual de Planejamento Regional (METROPLAN), a Prefeitura começou a agir fazendo uma cobertura e compactação do lixo com cobertura de terra, construindo açudes de tratamento para decantação do chorume. Após a autorização e fiscalização do aterro sanitário pela FEPAM, a Secretaria da

---

2 A cidade de Dois Irmãos, situada a 60 km de Porto Alegre, conta hoje com 29 mil habitantes e gera em torno de 14 mil quilos de lixo por dia, cerca de meio quilo por pessoa. Aproximadamente 70% dos habitantes separavam seu lixo na cidade, após um trabalho de mais de 11 anos, quando foi instituída a coleta seletiva na cidade. Com o trabalho dos recicladores o município recicla cerca de 20% do total do lixo da cidade, índice comparativamente elevado.

Educação deu início a uma campanha de separação do lixo com todas as crianças das escolas do município.

Com as escolas mobilizadas, no início de 1994 desenvolveu-se o processo de organização da coleta seletiva e reciclagem sob a coordenação do Departamento Municipal do Meio Ambiente e Secretaria de Obras. Com a participação ativa de Roque Spies, com vasta experiência em organização de centrais de reciclagem de resíduos sólidos, foi elaborado o projeto. Enquanto acontecia a adequação do Galpão para o trabalho de reciclagem, dava-se a negociação do grupo com a Prefeitura. O lançamento oficial da coleta seletiva e início do trabalho de reciclagem com o grupo de recicladores em constituição ocorreu no dia 31 de outubro de 1994, mediante contrato entre as partes.

Em função do curto espaço de tempo para a organização e das exigências legais, o grupo de cinco trabalhadores (sendo uma mulher) criou uma microempresa para viabilizar o contrato de prestação de serviços com o poder público. Esse instrumento legal, contudo, não representou uma limitação no avanço da proposta de trabalho associado, na medida em que houve, desde o início, um processo participativo e corresponsável com a partilha igual dos resultados entre todos os integrantes.

Após cinco anos de trabalho, a Associação foi legalmente constituída para consolidar juridicamente a prática de trabalho associado que já acontecia. Para dar conta das exigências legais de comercialização de reciclados, criaram uma empresa social da qual todos são sócios. Após um tempo de trabalho, o local foi sendo aperfeiçoado de forma que a Secretaria de Obras fazia a melhoria dos espaços e adequação de máquinas baseada na experiência e orientação dos próprios recicladores. Um dos aspectos que se destacou foi a boa relação de diálogo (não sem tensões) que se estabeleceu entre a Associação e os gestores públicos municipais.

A construção de uma outra imagem em relação ao tratamento de resíduos sólidos no município foi rapidamente se consolidando graças à qualidade do trabalho do grupo e à interação com as diversas instâncias e organizações no município. Afirmam as lideranças da Associação que fizeram todo o empenho para transformar "o limão numa limonada", preocupando-se em humanizar aquele espaço, mantendo-o limpo e organizado, diminuindo o mau cheiro com diversas ações preventivas. A preocupação da coordenação foi sempre a de ampliar o espírito coletivo através de reuniões, reflexões, avaliando o que estava bom e o que devia melhorar. Além disso, sempre houve a preocupação de aliar a questão profissional (ser reciclador) ao compromisso com a causa ambiental. Com isso assumiram o desafio de serem coerentes no seu espaço cotidiano, separando o lixo em casa e preservando o ambiente na redondeza da residência da família.

Dentro de uma cultura predominantemente de descendência alemã (pelo menos as famílias originárias), havia uma situação de vergonha por parte de diversos recicladores em se assumirem como tal. Simbolicamente era degradante, indigno trabalhar com o lixo. Aos poucos houve um gradativo processo de superação do estigma. A participação de representantes da ARDI em instâncias locais como escolas, conselhos e instituições da sociedade foi desconstruindo a representação negativa presente no senso comum da população e foi mudando também a autoimagem incidindo sobre a melhora da autoestima.

A visitação à Usina de Reciclagem passou a ser um programa educativo para pessoas, grupos de alunos, professores pais e outros grupos comunitários, do local e mesmo de outros municípios. Para acolher os visitantes, uma ou duas pessoas dos recicladores tornavam-se educadoras ambientais. E os grupos visitantes saíam bem impressionados com o que viam e aprendiam, seja pelo sentido do trabalho realizado, seja pelas condições inesperadas de organização, limpeza, receptividade dos recicladores.

Visando ampliar os alcances dos objetivos do projeto de trabalho associado e educação ambiental, os membros da ARDI realizaram diversas ações estratégicas que contribuíram para aumentar a legitimidade e o alcance educativo do trabalho: a) visitas às escolas e famílias; b) mobilização do Fórum Lixo e Cidadania, onde se reúnem diversas instituições do município com objetivo de discutir a questão do lixo e a preservação ambiental; c) desenvolvimento de campanhas, realização de eventos conjuntos na semana do meio ambiente, semana da água e outros direta ou indiretamente relacionados à questão ambiental; d) participação nos desfiles de 7 de setembro e assim por diante.

No período de 2005 a 2006, a ARDI contava com 20 recicladores (5 mulheres e 15 homens). A coordenação do processo de gestão está a cargo de um grupo de seis pessoas eleito anualmente. Os três titulares e três suplentes assumem conjuntamente a animação da gestão do empreendimento que se realiza com autonomia em relação à administração municipal. O gestor público contribui com um aporte financeiro mensal, custos de manutenção e infra-estrutura básica no espaço físico. As decisões mais importantes, de acordo com critérios do grupo, são tomadas com a participação de todos em assembleias ordinárias ou especialmente convocadas. Encaminhamentos rotineiros relacionados à organização do trabalho, à comercialização e às instâncias externas são assumidos pelo grupo de coordenação.

A Associação de Dois Irmãos tem se destacado pela articulação regional marcando presença atuante nos fóruns de Economia Solidária e das Associações do Vale dos Sinos, Fórum Lixo e Cidadania Estadual, Federação das Associações de Recicladores do Rio Grande do Sul. Contaram, nesses 12 anos, com apoios diversos de pessoas e instituições, para intercâmbio, na linha da formação ou de qualificação técnica.

Uma das preocupações constantes da coordenação foi o aprimoramento da qualidade da separação de materiais, incluindo o avanço no beneficiamento, visando sempre agregar valor ao produto final. A separação de qualidade já foi reconhecida pela indústria que recebe os diferentes materiais, estabelecendo uma relação de confiabilidade, maior valorização financeira, resultando também em estímulo e corresponsabilidade para os recicladores.

O critério de remuneração do trabalho definido toma por base a hora trabalhada, de igual valor para todos, sendo que a retirada mensal depende do faturamento do mês, ficando regularmente na faixa de dois a três salários mínimos, além da contribuição para o INSS. Um percentual fica para o fundo de investimento e outro para uma gratificação de Natal (equivalente a um 13°). O volume reciclado em 2006 foi de 852 toneladas, uma média de 71 ton/mês, o que equivale dizer que a média processada por reciclador era de 42,6 ton/ano, quantidade elevada na comparação com outras unidades de reciclagem de municípios do estado e do país.[3] Em 2007, o total de material reciclado foi de 913.161 kg (76 toneladas mensais). A média por reciclador foi de 43,4 ton/ano.

3.2. Trajetórias e características do *ethos* dos sujeitos

O reconhecimento da trajetória tem por objetivo destacar alguns dos saberes constituintes de um determinado grupo. Além das falas sobre si, valorizo a observação por acreditar que a experiência é sempre mais rica do que aquela captada pela linguagem oral. Essa atitude do educador coloca-se como fundamental para compreender a atividade do trabalho, isto é, o que os trabalhadores associados efetivamente realizam. Aqui "atividade" assume um sentido dialético entre linguagem e atitude dos sujeitos, "um jogo de reciprocidades entre o dizer e o fazer, entre o geral e o singular" (Schwartz, 2003).

As mediações pedagógicas planejadas consistiram, basicamente, nos encontros de formação através de dinâmicas de grupos que oportunizaram percepções mais ricas, a partir de uma intercomunicação que vai além da linguagem falada (Adams, 2007). Da mesma forma, tem sido de fundamental importância o conhecimento dos sujeitos nos seus aprendizados anteriores trazidos das suas trajetórias de vida. Tais saberes influenciam diretamente os tipos de contribuição que cada membro agrega ao grupo.

Em grande parte dos sujeitos de empreendimentos solidários destacam-se as marcas de uma vida de labuta: muito trabalho, dificuldades próprias de famílias numerosas do meio rural, desenraizamento em decorrência do êxodo rural, experiências de desemprego e subemprego e, consequentemente, baixa remuneração.[4] Os saberes trazidos por cada as-

---

[3] Outros aspectos da trajetória da ARDI podem ser encontrados no livro *Vivendo e Reciclando* (Adams, 2005).

[4] Os membros da Associação dos Recicladores de Dois Irmãos trazem elementos típicos de descendentes das culturas europeias, com predomínio da alemã. Das vinte pessoas associadas no período, treze eram descendentes de alemães, uma de poloneses e seis traziam uma mestiçagem das culturas negras, indígenas, portuguesa (açoriana). Onze pessoas foram empregadas em indústrias de calçados, uma delas em curtume, outra em granja de suínos, uma em frigorífico e uma era empregada rural; além disso, havia outras

sociado e o *ethos* constitutivo integram as marcas referenciadas em famílias tradicionalmente constituídas cujos filhos foram introduzidos muito cedo na atividade do trabalho. "A gente começou bem cedo a trabalhar. Eu gosto de trabalhar. Eu acho que foi bom. Foi uma educação boa que nós recebemos. O pai [...] foi meio rígido, mas eu acho que valeu a pena [...]" afirmou um dos membros da coordenação da ARDI.[5]

Entre os valores aprendidos, normalmente destacam: nunca pegar nada dos outros, a humildade e coragem de corrigir o erro e o gosto pelo trabalho. "Eu gosto de trabalhar." Além disso, a cooperação com os vizinhos também foi um legado trazido desta socialização primária. Enfatizam os mutirões de vizinhos: "Um dia, na roça de um; no dia seguinte, na do outro". A ajuda mútua na comunidade é uma das marcas comuns daquela vida do interior. "As famílias se ajudavam, iih... bastante! [...] Um vizinho fez uma cirurgia bem na época da colheita da soja. E aí reunimos uma turma da comunidade e fomos lá com bois, carroças. [...] E, além disso, o que eles precisavam a gente ajudava [...]."[6] Fica evidente a marca do respeito e da honestidade como elemento constitutivo do *ethos*: "A gente podia não ter nada, mas a gente aprendeu a ser honesta desde pequena [...] é uma coisa que fica e a gente traz para vida toda".[7]

Com a crise da agricultura e sem espaço para os filhos, em geral, em grande número, dizem: "Fomos todos saindo; um levava o outro para a cidade procurar serviço". O motivo da vinda para a cidade "foi o lado econômico, porque lá estava mal". As comunidades do interior do estado

---

profissões como frentista, pedreiro, carteiro/agente de pastoral. Várias pessoas tinham assumido diversas profissões antes do ingresso na Associação.

5 Trajetória de trabalho: agricultor, carvoeiro, industriário (em curtume, por 30 dias), reciclador desde 1998.

6 Trajetória de trabalho: associado, agricultor, sapateiro (serviços gerais), reciclador, desde maio de 1996.

7 Associada, agricultora, sapateira, balconista (de padaria), comerciária, doméstica, merendeira escolar, recicladora desde janeiro de 2001 (com um período anterior – 1995-1996 –, interrompido por ter sido chamada pela Prefeitura Municipal de Novo Hamburgo, onde havia passado em concurso para merendeira de escola). Na reunião mensal de partilha, após a prestação de contas, a associada reagiu corrigindo a marcação de horas a mais para ela. Havia sido contemplada com horas que não havia trabalhado em função de ter ido ao massagista, do qual não recebera comprovante.

do Rio Grande do Sul, em sua maioria, ficaram sem os jovens que foram buscar emprego na cidade e/ou estudar. Saíram da roça em busca de um futuro melhor. "Lá não dava mais. Se trabalhava, trabalhava, chegava ao final do ano... e não sobrava nada. Lá o cara não tinha futuro."

Uma das mulheres,[8] oriunda de família numerosa e pobre, com 14 anos foi trabalhar com um casal nos serviços de casa e atendimento de "bolicho".[9] Os pais valorizavam o estudo, mas não tinham condições de pagar o segundo grau. Continua cultivando o sonho de um dia voltar a estudar. No seu trabalho de empregada, acabou assumindo a criação de uma criança até os nove meses de idade, devido ao falecimento da mãe (patroa) na hora do parto. Depois teve a experiência do "trabalho em série" numa confecção de roupas. Permaneceu dois anos em fábrica de calçados e agora é recicladora. Pessoalmente não teve nenhuma experiência de trabalho comunitário ou cooperativo anterior ao da reciclagem. Apenas seu pai, já falecido, participava do sindicato dos trabalhadores rurais, como membro da diretoria. Considera que o pai era uma pessoa muito compreensiva, muito humana e que lhe serve de exemplo até hoje. Segundo ela, ele nunca bateu nos filhos ou filhas. Os valores que traz de berço têm a ver com as relações de vizinhança, da vivência familiar e comunitária, da honestidade e do fazer bem as coisas. Aprendeu que cabe às mulheres o trabalho mais leve e aos homens os serviços mais pesados. A partir da experiência local configura sua visão de mundo, associando a compreensão ao ver, ao experimentar.

Outro coordenador[10] lamenta a falta do estudo, mas teve de parar para ajudar em casa. Todavia, testemunha que com a família aprendeu a dedicação ao trabalho. Incorporou valores como cuidar, poupar, ser honesto, honrar os compromissos e trabalhar. E, em função de ser família numerosa, "o trabalho era sempre um mutirão". Com oito anos ganhou uma junta

---

8 Membro da Coordenação. Trajetória de trabalho: empregada doméstica (a partir dos 14 anos), costureira, babá, sapateira, recicladora desde novembro de 2004.

9 Designa-se "bolicho" a casa de comércio de pequeno porte, que dispõe de produtos de primeira necessidade, nas comunidades do interior.

10 Trajetória de trabalho: agricultor, carvoeiro, reciclador desde março de 1996.

de boizinhos do pai, que ele mesmo amansou e com os quais passou a trabalhar. Além do aprendizado do trabalho, esses trabalhadores incorporaram diversos valores da vida simples de um *ethos* religioso e comunitário na comunidade eclesial, clube de futebol etc. A participação dos pais em organizações como sindicatos e cooperativas é fator que os estimula agora a seguirem caminhos de participação em grupos associados, vivências colaborativas. Possivelmente, quem já experimentou a cooperação ou alguma vivência de grupo fora de um empreendimento solidário insere-se melhor no trabalho associado, porque tem mais facilidade para aprender.

Os homens, em geral, afirmam não terem aprendido fazer o serviço de casa porque este “era o trabalho da mãe e das gurias”, suas irmãs. Tanto assim que, para eles, o serviço mais difícil no empreendimento solidário de que participam tem sido o de fazer limpeza, faxina, lavar roupa e louça. “Isso eu fui aprendendo. Lá fora a gente não precisava fazer nada disso.” Testemunham os associados homens que aprenderam muita coisa no dia-a-dia da Associação, como: cozinhar, conviver e trabalhar em grupo, não só ver as coisas erradas dos outros, mas também elogiar as capacidades; a perda do medo de participar e falar em público; a compreensão da importância da separação do lixo e da reciclagem para a sociedade e o meio ambiente e assim por diante.

Um dos associados[11] de forte liderança no grupo, sobretudo durante a atividade do trabalho, veio do ambiente rural diretamente para a ARDI, onde aprendeu o ofício com os mais experientes. Mas seus saberes no reconhecimento de plásticos foram aperfeiçoados em um curso técnico do SENAI que lhe proporcionou um conhecimento aprofundado para a identificação dos tipos de materiais. Outro associado[12] destaca que, após ter vindo para a cidade, acumulou a experiência do trabalho assalariado, durante vários anos. Para este tipo de associado, normalmente, acaba sen-

[11] Trajetória de trabalho: agricultor, servente de construção, empregado rural (criador de porcos), reciclador, desde julho de 1996.

[12] Trajetória de trabalho: agricultor, garçom, sapateiro, industriário químico, reciclador desde julho de 2005.

do mais exigente o exercício da responsabilidade, da opinião própria, da criatividade e, com liberdade, do ato de dar sugestões para o trabalho associado no processo de autogestão.

Algumas trajetórias de sujeitos protagonistas das experiências de solidariedade carregam um aprendizado de maior politização pelo fato de terem passado pelo sonho idealizado da vida na cidade, pela decepção do trabalho assalariado em condições precárias e com baixos salários. Em decorrência, a relação e o envolvimento com a participação sindical, comunitária e outras organizações resultaram em múltiplos aprendizados que favoreceram a desconstrução de um *ethos* de dependência e submissão. Estes sujeitos destacam seus aprendizados referindo-se às diferenças entre o trabalho no ambiente associativo e o do trabalho assalariado em empresas privadas ou mesmo do serviço público. Valorizam a possibilidade de "compartilhar não só a partilha financeira, o salário, mas ideias, enfim, um conjunto de coisas... Tudo mudou! A minha vida é outra!".

Tendo visitado outros grupos de reciclagem da região, uma avaliação coletiva por mim registrada em diário investigativo elencou aspectos do perfil do grupo, que no seu conjunto o diferenciam de outros que hoje integram a Economia Popular Solidária:

> É fundamental nos darmos conta de que temos um diferencial em nosso grupo, se comparado à maioria dos outros.
>
> a) A maioria de nós traz uma cultura do trabalho, com valores da vida rural.
> b) Praticamente nenhum de nós foi atingido por um nível de vida desumana, pelo menos não por muito tempo; nossa dignidade foi preservada.
> c) Somos pessoas em geral jovens e estamos aqui não porque não conseguimos mais outro trabalho. A maioria fez opção de aqui trabalhar, inclusive, em alguns casos, deixando outros trabalhos em fábrica de calçados.
> d) Temos um nível de escolaridade básico: todos sabem ler e escrever.
> e) Temos no grupo lideranças fortes que adquiriram um nível de preparação (experiência e compreensão) que contribui decisivamente com o avanço do grupo no alcance dos objetivos da Economia Popular Solidária.

Em síntese, sobressaem-se, no acima exposto, algumas características do perfil de um *ethos* constituído por elementos do espírito comunitário, da vida tradicional do interior; o cultivo de uma solidariedade inspirada em valores ou estímulos religiosos, de valorização da vida familiar, da entreajuda, do trabalho e do lazer comunitário.

Todavia, as contradições igualmente estão presentes. Perceberam-se, sobretudo nas entrelinhas, sinais da presença do espírito de competição e busca de autonomia na propriedade familiar. Essa característica associa-se à experiência dos limites de acesso aos bens de consumo.[13] Cresce o contraditório através da invasão do espírito do lucro, a criação de novas necessidades desencadeadas pelos estímulos dos meios de comunicação. São as "contaminações da economia de mercado, não só pela comercialização dos excedentes da subsistência, mas também pela compra de artigos complementares" (Martins, 2000, p. 38), gerando, em consequência, o mundo dos descartáveis, que contradiz a cultura do uso racional: reutilização, cuidado para prolongar a durabilidade. Estabelece-se o conflito entre a lógica tradicional do usuário de bens necessários e o estímulo de ser consumidor de mercadorias.

Na contradição do ambiente urbano, culturalmente, intensifica-se uma relação de dualidade entre a cultura rural e urbana. Trata-se de uma (des)continuidade entre princípios do ambiente rural e do urbano, este último mesclado com muitos (des)enraizamentos. Na tradição tem primazia a pessoa em relação à coisa, a lógica da sociabilidade em relação à pressa e ao lucro. "O corpo educado nos princípios do decoro e da tradição" combina-se estranhamente ao "imaginário luxuoso e manipulável da televisão [...] A imagem tornou-se, no imaginário da modernidade, um nutriente tão ou mais fundamental do que o pão, a água e o livro. Ela justifica todos os sacrifícios, privações e também transgressões" (Martins, 2000, p. 43). Nessa relação de expansão do capitalismo, em nível global e

[13] O acesso às ofertas do consumo capitalista, especialmente com as antenas parabólicas, em todos os recantos do país é algo que revolucionou em pouco tempo os costumes, de modo especial pela pressão das pessoas mais jovens das famílias agricultoras.

espacial, essas formas sociais ganham certa autonomia como mescla sempre diferente: nem igual, nem contemporânea. São processos sociais simbióticos, nos quais tudo é passível de combinação e o imaginário torna-se uma espécie de cimento entre coisas por vezes contraditórias, estranhas.

3.3 Visões de mundo dos sujeitos

Nesse contexto complexo e contraditório recompõem-se visões de mundo que mantêm elementos da lógica tradicional com mesclas de um desenraizamento promovido pela mercadoria do descartável. As visões de mundo em transição construída pelos sujeitos historicamente situados são tramadas em meio à trajetória de vida no contexto cotidiano empapado de elementos da globalização capitalista. Entrementes o *ethos* dos sujeitos inclui e é perceptível, também, pela sua visão sobre os acontecimentos da vida social. Em outros termos, a experiência de vida pessoal e social passada – essencial para a constituição do *ethos* dos sujeitos – acaba sendo uma referência importante na construção das compreensões de mundo dos membros de empreendimentos solidários. E cabe às mediações pedagógicas proporcionar a problematização dessas visões, gerar novas concepções, posturas e práticas; por fim, formar um novo *ethos*. Uma compreensão mais relacional e crítica sobre as questões sociais, por parte dos associados de um empreendimento, pode ocorrer pela influência de relações e oportunidades de partilha de saberes, seja no próprio ambiente de trabalho associado, seja nos espaços de interação externa.

No caso do processo de pesquisa-formação desenvolvido nos anos de 2005 e 2006, percebeu-se uma visão presente que, predominantemente, concebe o mundo a partir de referências da natureza, do trabalho e da vida na agricultura familiar. Este *ethos* característico remete a um ideal de vida tipicamente comunitário, no qual o mundo urbano significa o desconhecido que fascina e assusta. A proposição de mediações pedagógicas considerando os limites e potencialidades deste *ethos* depende, por sua vez, da visão de mundo e proposta metodológica de educadores.

A reflexão a seguir[14] ilustra como a compreensão de gestores-educadores pertencentes ao próprio grupo pode influenciar o senso comum[15] que lentamente se dissemina em relação à compreensão da realidade social:

> A gritante desigualdade social em nosso país e no mundo deve-se, em grande parte, a uma minoria que esbanja, enquanto a grande maioria da população vive na fome e na miséria. A onda do consumismo estimulada pelo mercado capitalista colocou os valores "de perna para o ar", ou "de ponta cabeça": só vale quem produz e consome, ou quem tem bens materiais. E o ser humano não tem mais valor pelo que ele é. Esse modelo de consumo de uma parte da humanidade, se fosse igual para todos, precisaria de três planetas. Isso mostra que esse modelo de vida, hoje colocado para nós como ideal, é um absurdo, impossível de ser estendido a todas as pessoas, além de significar um padrão de vida que não garante felicidade.

Depoimentos individuais dão conta de que esse discurso, e junto com ele a prática, é gradativamente assumido pelos demais membros do empreendimento. No caso da ARDI esse processo se deu, por exemplo, em relação com as questões relacionadas ao meio ambiente: o problema da água, do lixo sem destinação adequada em função do consumo não consciente (consumismo), do uso de agrotóxicos e fertilizantes e produção apenas para o lucro etc. Entendem que os mais pobres fazem alguma coisa para melhorar, mas que "os ricos não estão desassossegados com essa problemática". "Os governantes deveriam estar mais preocupados com a preservação do meio ambiente... Mas não podemos nos colocar do lado de fora e apenas acusar ou criticar."[16] Segundo eles, a Associação faz a sua parte ao reciclar o máximo de materiais, dando o destino correto aos rejeitos do consumo da populaçao.

---

[14] Encontro de Formação de 02/06/2005.

[15] Utilizo aqui a concepção de "senso comum" como conhecimento compartilhado entre os sujeitos da relação social (Martins, 2000, p. 59). A mudança do *ethos*, enquanto compreensão, posição e atitude, vai consolidando no sujeito coletivo um novo senso comum (cf. Santos, B., 2002b).

[16] Encontro de Formação de 02/06/2005.

Um fato ilustrativo tem a ver com o problema crescente que afeta a viabilidade econômica dos empreendimentos de recicladores. De acordo com os associados da ARDI, uma das causas deve-se à vinda de "catadores de rua" ou caminhões de comerciantes de reciclados para a cidade de Dois Irmãos. Antes do horário dos caminhões da Prefeitura passarem, eles "tiram de nós o melhor do lixo da coleta seletiva". As reações e compreensões dos recicladores enfatizam diversos argumentos. Um primeiro considera: "Essas pessoas, se de fato são necessitadas, porque não ficam em seus municípios?". Entendem que não se justificaria a busca de materiais onde existe uma política pública e pessoas organizadas que assumiram a responsabilidade da reciclagem perante a municipalidade. Para outros, ainda, os que vêm de outros municípios "são intermediários, e não os que realmente necessitam". Ao mesmo tempo, consideram que tudo isso se agravou em função da crescente crise social, pois devido a ela as pessoas fazem de tudo para conseguir sobreviver.

Na opinião de outros do grupo, caberia à Assistência Social dos municípios de origem a responsabilidade de assistir as famílias que de fato carecem. "Não tem de vir lá de outro município catar aqui. Que catem lá e, se precisarem, busquem ajuda do poder público lá... Mas têm muitos 'grandão' que catam e não precisam."

Frente ao problema de um grande número de crianças e adolescentes estarem na rua, nas drogas, acreditam que, em primeiro lugar, a responsabilidade seria dos pais que não acompanham devidamente seus filhos. "Depende muito dos costumes, de como foram criados." Mas também admitem a influência da situação financeira, muitas vezes precária, e a falta de investimento público nesta área.

Os membros da ARDI preocupam-se, igualmente, com o desemprego gerador de violência, especialmente da região do *Vale dos Sinos*. "Imagina nós um dia desempregados em casa...! Isso preocupa muito! Eu acho que só gera violência... desfaz famílias e tudo." Transparece também uma compreensão com elementos de um saber relacional que elenca algumas causas, como a indústria que se desloca territorialmente em busca de barganha de isenções do Estado (níveis municipal, estadual e federal); a questão da desvalorização do dólar, que não favorece as exportações, especialmente na área da indústria coureiro-calçadista, em que o produto importado da China chega aqui mais barato etc. Impressionante a afirmação de uma associada que foi sapateira durante 22 anos: "Nós ensinamos os chineses a fazer sapatos e agora eles nos tiram o pão da boca".

Algumas análises trazem uma relação de efeito e causa, mas em geral os entrevistados não dispõem de informações sobre a realidade mundial, a não ser fragmentos que podem ser referidos a informações passadas pela TV, rádio ou manchete de algum jornal. "Uns dizem que o problema é do Governo do Estado, por causa do imposto (ICMS) elevado. Outros culpam o Governo Federal por causa do dólar. Agora, na realidade, eu não sei se é bem assim!" Houve quem considerasse o desemprego como uma questão pessoal, que depende da vontade do trabalhador. Outras reflexões sinalizam uma análise menos linear. Ponderam que a região do Vale do Rio dos Sinos (gestores públicos e outras organizações empresariais e sindicais) deveria ter despertado há muito tempo para diversificar a indústria, e não ter ficado somente na produção do calçado. "Podiam ter diversificado mais com outras possibilidades de produção e trabalho."

Quanto à TV brasileira, há uma visão quase unânime que enfatiza a negatividade. Avaliam-na como muito violenta em função da insistência em mostrar, com maior ênfase, as "coisas ruins", como sequestros e assaltos, em detrimento das "coisas boas" que acontecem na sociedade. Diversas posições enfatizam que a TV mais deseduca do que educa. Entre os programas mais deformadores, colocam as novelas e o "Big Brother". "Eu acho que é completamente para destruir a família [...] Eu gosto de olhar as notícias. E mesmo aí, cada canal de notícias só fala de corrupção.[17] Tem pouca coisa boa", diz outro. "Não é um bom caminho, pois prejudica a família." Além do mais, para alguns, a TV orienta os ladrões e estimula a violência. A visão predominante parece afinar-se com a expressão de um dos associados da coordenação: "Olhando TV, é só violência, crime, político roubando. A gente se assusta". Apenas uma pessoa trouxe uma perspectiva contraditória,

---

[17] As entrevistas foram realizadas no período em que ocorreu o escândalo do "mensalão", no Congresso Nacional brasileiro.

menos maniqueísta: "Se aprende bastante coisa boa, mas também ensina bastante coisa ruim", com destaque aos diversos programas educativos.

Quanto à escola, as pessoas entrevistadas, de modo geral, guardam uma experiência positiva. Atualmente a relação com a instituição se dá em função de quem tem filhos em idade escolar. Havia uma única associada[18] que estava frequentando a EJA, que segundo ela era algo muito positivo por viabilizar-lhe a escolarização à qual não teve acesso.

3.4. Mediações pedagógicas no cotidiano da atividade do trabalho

O *ethos*, como já referi, diz respeito a essa sabedoria implícita, à "memória de muitas tramas" (Freire, 2008) adquirida ao longo de um itinerário de vida que aos poucos vai imprimindo marcas, um conjunto de saberes, uma espécie de "matriz" de origem. Esta é portadora de saberes implícitos que fazem a mediação compreensiva das percepções e interpretações dos desafios cotidianos frente aos quais os sujeitos tomam posição, formulam seus julgamentos e definem sua ação. Ao constituir-se, simultaneamente, por um sistema de crenças, um modo de visão de mundo e modo de ser, o *ethos* individual permeia – facilitando em alguns casos e dificultando, em outros – a formação de cada grupo social.

Com base em interesses e elementos de identidade comuns e um sistema axiológico – *ethos de referência* – estabelece-se uma relação entre a trajetória individual e grupal, na interação com as condições objetivas do contexto conjuntural e estrutural em que se encontram os referidos sujeitos. Além do mais, a "matriz cultural"[19] resultante do itinerário que

[18] Em 2007, em função das crescentes exigências do trabalho na reciclagem, a associada não continuou na EJA.

[19] A cultura, como dimensão inerente à práxis humana, pode ser definida como um conjunto de significações, conhecimentos, valores, modelos de prática e expressões simbólicas incorporadas e produzidas continuamente pelos indivíduos, grupos ou categorias sociais. A cultura faz a mediação entre os indivíduos e grupos sociais, entre estes e a sociedade.

conformou os estilos de comportamento e visões de mundo pode ser um fator decisivo para o nível de coesão que determinado grupo constrói em torno de um sistema consensual de princípios, valores e sentidos comuns, no interior dos processos sociais descontínuos e heterogêneos.

Nestes termos, o agir condicionado por um longo itinerário de vida tende a moldar um estilo de conduta. Um longo tempo[20] de vida sob um ambiente de competição, em que se cultivam valores de expropriação, dominação, animosidade etc., consolida comportamentos duráveis, cuja herança se torna matriz condicionante do agir dos indivíduos e grupos sociais. O mesmo vale para a vivência em ambientes de trabalho associado. Arroyo (1997) argumenta a relação entre o *ethos* e espaço: "Somos seres humanos colados a um espaço que é o espaço do trabalho, o espaço familiar que deve ser o berço, a matriz de nossa educação e formação" (p. 66). Desta forma, a intencionalidade pedagógica pode levar os sujeitos a tornar as condições de trabalho mais humanas, mais dignas. Em vista disso, o *ethos* pode ser considerado essa matriz representativa das contradições do meio social que atua sempre como uma relação tensa entre resistência e mudança cultural.

Em meio às contradições, foi possível estabelecer uma relação entre a atividade do trabalho associado, a partir da prática de relações de não-exploração, e "um exercício efetivo de formação de determinado estilo de compreensão de mundo e da sociedade" (Vaz, 1988, p. 213). Nesta perspectiva, todas as manifestações que integram a vida cotidiana destas organizações, incluindo o mundo da produção e da reprodução, expressam, com seus aprendizados e disposições, ênfases do *ethos* individual e coletivo dos seus membros. Entre os aspectos constitutivos do *ethos*, os associados da ARDI destacaram o "caráter pessoal" que determina o jeito de ser uma pessoa idônea, sincera, transparente ou honesta,

[20] Aqui não se trata de um tempo no sentido linear, pois entram múltiplos componentes que oportunizam um ambiente de rupturas favoráveis ou desfavoráveis ao processo de novos aprendizados e mudanças de posturas, comportamentos e práticas. Estas dependem das condições subjetivas na relação com as objetivas.

mas enfatizaram também a cooperação, a entreajuda, o aprendizado do trabalho, a responsabilidade. "Nós desenvolvemos uma cultura do trabalho. Aqui temos um ajuntamento de conhecimentos, cada um sabe alguma coisa."[21]

Se inicialmente houve uma identificação dos sujeitos com os costumes dos pais, aos poucos a organização associada de trabalho, com suas implicações e influências de um ambiente urbano laico – entre outros fatores, pela ausência de controle social, diferentemente do que acontecia nas comunidades do interior –, imprimiu uma dinâmica de mudança. O reconhecimento de componentes de um *ethos* religioso, sobretudo no que tange aos valores cultivados por um estilo de família tradicional, continua como referência para a vida, prolongando uma tensão entre mudança e resistência, tal como o depoimento de um associado indica:

> Essa participação na comunidade da igreja foi um exemplo que me marcou. Difícil esquecer... hoje em dia já não é mais assim [...]. Mas a prática religiosa da comunidade ajudou muito... Mas tem de segurar e seguir o que aprendeu para não acontecer o que se deu com muita gente que se perdeu na vida. E hoje (essa gente) não tem nada e nem sentido para a vida...

Supostamente, considerando as mudanças em processo na reconstrução de um outro *ethos*, continuam os resquícios de valores profundamente arraigados e que, em momentos de conflito ou de insegurança existencial, acabam pesando nas posições e condutas assumidas. O *ethos* atual torna-se princípio gerador de pensamentos, percepções e ações, desencadeador de saberes implícitos que fazem a mediação entre as percepções e interpretações dos desafios cotidianos.

Nos empreendimentos de EPS, a própria atividade do trabalho associado, com seus múltiplos elementos – seja pela sua organização, pela prática de gestão, pelas relações de trabalho e convívio ou relações com

---

21 Encontro de formação, 18/05/2006.

espaços externos; seja pelo uso de objetos técnicos, de saberes partilhados e construídos etc. –, contribui potencialmente para (re)construir um novo *ethos*, uma cultura do trabalho. Explico. Para que o empreendimento surgisse, houve determinados contextos condicionantes – e sujeitos motivados – em que o *ethos* de origem de sujeitos individuais se congregou, com suas semelhanças e diferenças, para constituir um novo *ethos* coletivo (em construção). Com maior ou menor grau de avanço da prática da autogestão e outros processos de cooperação que se desenvolvem no cotidiano da atividade, desencadeiam-se determinações na vida dos participantes, resultando em novos modos de compreender e agir. Se, num sentido amplo, todo aprendizado é decorrente de alguma mediação pedagógica, nesta dialética entre práxis e *ethos* estabelecem-se várias, de caráter mais ou menos intencionais, capazes de (re)construir o *ethos* (individual e coletivo) como um processo permanente de formação.

Na ARDI foram constatados diversos elementos que permitem valorizar um *ethos* cultural característico que tem oportunizado mediações de tipos de compreensão, de opção e participação dos associados em certas atividades em prejuízo de outras. Por outro lado, os participantes podem ser igualmente impelidos pela dinâmica coletiva para posteriormente assimilar e valorizar elementos de um *ethos* de cuidado na produção de novos sentidos, de formas de consciência. Nestes termos, formação significa mudança do *ethos* dos sujeitos.

Concluo, assim, que as mediações pedagógicas para o rompimento das resistências à mudança, ou à modificação do *ethos*, passam pela prática e pela consciência. Confirma-se, assim, a sintonia com as possibilidades da práxis educativa que se propõem a contribuir para a alteração de situações objetivas e subjetivas. A relação pedagógica poderá enfatizar a dimensão utópica presente nas experiências de economia solidária. Tal processo significa uma implicação entre uma postura ativa e criativa dos sujeitos e os condicionamentos oriundos das condições estruturais podendo resultar na passagem do intencional à prática e vice-versa. Trata-se de um enfoque dialético entre a reprodução e a produção das condições materiais e ideais de existência dos grupos humanos, no qual a socialização – educação como sociabilidade – inclui a ação ativa dos sujeitos. Quanto mais a práxis é intencional, mais ela potencializará as mediações pedagógicas presentes nas experiências, "imprimindo" na interioridade dos indivíduos os valores e sentidos de um paradigma calcado no *ethos* do cuidado.[22]

3.4.1. O espaço de trabalho associado como mediação pedagógica

O trabalho associado e a experiência anterior de trabalho assalariado, trabalho autônomo na atividade rural ou trabalho doméstico tiveram destaques comparativos através de uma multiplicidade de percepções pelos sujeitos nas falas, especificamente nos momentos de cuidados com a saúde pessoal ou de algum familiar.

> ...trabalhar numa fábrica, tu trabalha tipo numa prisão. Tu tá preso ali e não pode ir mais que duas vezes ao banheiro por dia... E eu acho, como vou dizer, com o cheiro de cola e solvente é pior lá dentro do que trabalhar com o lixo. Por isso eu nunca puxei muito para ir numa fábrica... Até hoje não me arrependi.

Em uma discussão grupal ocorrida com a participação de todos os associados durante um dos encontros de formação, a questão central do debate foi a seguinte: *A partir da experiência de trabalho de cada um, "como funciona uma fábrica ou empresa privada, e quais as diferenças em relação à proposta e prática de trabalho associado na Associação?"*.

O resultado foi organizado no quadro que segue:

[22] Esse ponto será aprofundado num subcapítulo específico, a seguir.

Quadro 3 **– Comparação entre o trabalho na empresa privada e na ARDI, reflexões dos recicladores.**[23]

O TRABALHO NA EMPRESA PRIVADA	O TRABALHO NA ARDI
Pontualidade com rigidez, sem tolerância (1); o tempo é cronometrado (1); tem horário até para ir ao banheiro (1). Ex.: "Numa fábrica de calçado cada um podia ir ao banheiro duas vezes por turno e não mais".	Pontualidade com flexibilidade quando se justifica (1); cada um é responsável, e há avaliação coletiva sobre a postura e assumir de cada sócio a partir de critérios comuns (1).
Tarefa fixa, determinada: não permite flexibilidade, nem criatividade (1); não permite crescer profissionalmente (1); não há estímulo, pois o trabalhador não se beneficia do lucro produzido pelo aumento da produtividade e da qualidade (1).	Trabalho diversificado, com possibilidade de rodízio e criatividade (1) e iniciativa própria (1); há flexibilidade e respeito (1); todos se beneficiam dos resultados que são frutos da qualidade da produção (1).
O trabalhador não é valorizado por sua opinião (1); o chefe dá ordens rígidas (imposição), e a gente obedece sem direito a opinar (3) ou reclamar; há um método repressivo e todos se sujeitam com medo da humilhação; não há liberdade (1).	Valorização da opinião de todos (1); há diálogo e todos podem opinar, expor suas ideias (3); busca de alternativas para melhorar (1); relação de liberdade e contato com a natureza (1); temos um ambiente humano onde as pessoas têm habilidade de ajudar e ensinar os outros (1).
Tem um dono (patrão – às vezes um pequeno grupo) que põe outros a trabalhar para ele (2); os empregados se preocupam mais em cumprir as horas, realizando um trabalho, em geral, sem sentido (1).	Todos somos sócios e donos (2); há planejamento em grupo (1); nós nos tornamos mais responsáveis pelo nosso trabalho no dia-a-dia (1); o trabalho tem sentido para nós (1).
As faltas por problemas de saúde não têm seus atestados facilmente aceitos, o que resulta em perdas na remuneração (fim de semana, prêmios etc.) (2); essa situação obriga a gente muitas vezes deixar a família em segundo plano (1).	Todos os atestados por problemas de saúde do sócio, ou por acompanhamento a algum familiar, justificados para a coordenação, têm as faltas abonadas, não resultando em desconto na remuneração (2).

[23] O número entre parêntesis indica a quantidade de vezes que a ideia foi destacada como sendo uma diferença essencial pelos associados.

As férias são escaladas de acordo com critérios da empresa (1).	As férias são negociadas a partir de critérios coletivos, na relação com as necessidades da Associação e período mais favorável para cada sócio e sua família, levando em conta o volume de trabalho (1).
A empresa espera a máxima produção de cada um, não se preocupando com a pessoa do funcionário (1).	Há a preocupação mútua e coletiva com cada sócio (inclusive sua família) (1); com respeito ao lado humano (1).
Os lucros ficam para os donos; tem salário fixo (2), mas há grandes diferenças / desigualdades de salários entre os funcionários (2); a indústria não passa de uma exploração, uns ganham bem e a maioria não ganha o suficiente (1).	Todos os tipos de trabalho têm a mesma importância (1); todos os sócios ganham o mesmo valor pelo trabalho (1); não tem valor fixo, e o resultado do mês é repartido igualmente para todos (1); quanto mais produzimos, mais ganhamos (1); temos um pagamento mais digno na associação.
9) Adiantamentos – "vales" – somente quando e quanto a empresa quer (1).	Em caso de emergência, a qualquer hora, em diálogo com a coordenação, pode haver retiradas (1).
Nunca tiveram alguma formação (1).	Há momentos de formação (1); reflexão (1); há formação constante (1); contribuímos para a educação ambiental recebendo as visitas e indo até escolas e entidades para dialogar sobre a questão do lixo e meio ambiente (1).

Perguntados sobre o que motivava a continuar como sócios na ARDI, os argumentos giravam em torno do que ilustro com um dos depoimentos:

> Tudo. Desde o trabalho em grupo. Lá fora eu trabalhei com as pessoas, mas não era o mesmo. Aqui você tem responsabilidade em grupo, tem opinião. Às vezes, você tem uma opinião boa e ela é aceita também. Uma opinião sobre o serviço: "Olha, vamos fazer desse jeito"... E às vezes melhora muito! Se for trabalhar num outro lugar, você não tem direito a dar opinião. Ali na Associação, ih, eu dei bastante sugestão.

De outra parte, trata-se de um espaço sempre conflitivo, de relações com diferentes concepções e saberes oriundos das trajetórias de cada membro. No confronto com as diferenças e semelhanças consensualmente acordadas ou aprovadas pelo voto da maioria, a prática da heterogestão, gradativamente, vai dando lugar, não sem conflitos, à construção de um processo autogestionário.

> Antes de conhecer a Associação eu trabalhei na fábrica de calçados durante sete meses. Eu não tinha experiência nenhuma como funcionava trabalhar num grupo. Não tinha ideia, sabe, como ia ser. Mas assim na prática, quando a pessoa vai, assume mesmo trabalhar num lugar assim, se vê a diferença de uma firma de calçado ou outra. É diferente, sabe. Não tem o chefe que dá as ordens. Sabe, tem um que, como aqui também, puxa um pouco a frente. E tem de ter. Só que se tem que tomar uma decisão, é o grupo.

Outra associada confirma que para ela também foi novidade trabalhar nesse novo sistema cujas características, entende, poderiam ser generalizadas para a sociedade como um todo.

> É diferente trabalhar numa empresa privada ou num negócio que é teu. A motivação é outra... Lá tu não te envolves, não tem aquele compromisso com eles... E até porque faz outro sentido tu saber que está trabalhando uma coisa tua, que é pra ti. Tu tens outro ânimo. [...] Eu posso falar isso porque eu trabalhei em vários setores. [...] Uma ou duas pessoas mandam, e o resto obedece. Aqui é diferente. Aqui todo mundo participa [...] Aqui eu me envolvo muito mais com as pessoas. É possível fazer as coisas melhor. Há várias maneiras de fazer as coisas melhor. E isso eu aprendi aqui. E estou aprendendo a cada dia.

Além dos aspectos da autogestão, o diferencial está na convivência em grupo. "Aqui a gente tem tempo para conversar, tempo para se organizar e para refletir. Esse trabalho me fez refletir sobre muitas coisas... Porque não é mais o eu. É um grupo em que um depende do outro."

Mas há outros fatores motivadores que podem "cimentar" a organização do trabalho associado, apesar dos dissensos: a consciência de que em grupo se consegue avanços que individualmente não seriam possíveis. "Grupos organizados vão mais longe do que uma pessoa sozinha. Que nem o nosso grupo... se fosse uma pessoa, não ia conseguir o que nós estamos conseguindo." Ou como explicitou um dos membros da coordenação: "A gente trabalha junto, um tentando ajudar o outro o mais que possível... A gente trabalha e às vezes se diverte também. Se tu vais trabalhar em outro lugar sozinho, tu não tens aquele convívio com outras pessoas também. Acho o lado da convivência muito importante!"

Pelos depoimentos destacados, fica evidente que o peso da compreensão do espaço de trabalho associado pelos associados da ARDI não se restringe aos aspectos específicos da produção – no caso, a separação de materiais recicláveis. Ele constitui, por si, um ambiente de mediações pedagógicas, ampliando-se para a totalidade das relações e sentidos que este trabalho adquire para a vida dos sujeitos. As características essenciais destacadas, entre outras, são:

a) um ambiente compreensivo que se importa com as necessidades dos sujeitos e de suas famílias;
b) o clima comunitário e de valorização mútua propício para o fortalecimento da autoestima;
c) o aprendizado exigente e permanente da autonomia, isto é, de não poder ficar esperando pelo mando de um chefe;
d) o desafio da participação responsável e solidária na gestão;
e) a ajuda mútua no trabalho;
f) as vantagens de uma organização coletiva de trabalho em relação ao trabalho autônomo ou assalariado.

Trata-se de elementos desafiadores porque difíceis de serem praticados no cotidiano dos empreendimentos. Todavia, fica evidenciado que as relações proporcionadas pelo trabalho associado, apesar das contradições, estimulam a criatividade e autoestima no processo de ser útil, de poder pensar e decidir. Trata-se, pois, de um ambiente de formação onde as mediações pedagógicas estão profundamente entrelaçadas com o *ethos* individual e coletivo. As características anteriores, trazidas da trajetória de vida, condicionam a atividade do trabalho associado, e o novo espaço modifica o *ethos*, num verdadeiro processo de formação dos trabalhadores em situação de trabalho, oportunizando a consolidação de uma cultura do trabalho.

Os depoimentos confirmam que tais saberes repercutem na vida familiar/comunitária e vida social/pública (espaço da reprodução), aproximando a atividade do trabalho com os demais espaços da vida.

> A gente aprendeu a preservar a natureza, a trabalhar em grupo... Participar? Eu nunca tinha participado como aqui... Lá em casa [na família de meus pais] não ajudava nos serviços porque as mulheres faziam o serviço. Tinha seis gurias... Mas isso foi uma coisa que aqui aprendemos bastante: a fazer as tarefas juntos. Lavo louça, cozinho e limpo. Ajudo a fazer todo serviço. [...] Eu acho que isso é importante... Senão, eu chego em casa e deixo o serviço pra esposa? Ela também trabalha o dia inteiro né. Ela também chega cansada! Acho que tem de ganhar e gastar o dinheiro junto e fazer o serviço junto... E a Associação ajudou a gente a aprender essas coisas... Tem gente ali. Mudaram! Tá loco! Nunca ajudavam em casa. Hoje não. Mudou, e bastante!

Os saberes da experiência do trabalho solidário tendem a reproduzir-se em outras dimensões da vida pessoal e social com uma clara interação entre o trabalho produtivo e o realizado no mundo da reprodução (trabalho doméstico, cuidado dos filhos, do ambiente, as ações comunitárias etc.). Por isso, a prática do trabalho associado, através do exercício de uma gestão participativa e democrática, mediada pelo diálogo permanente nas relações solidárias de trabalho, tem se constituído em processo pedagógico formador de uma cultura do trabalho. Podemos sintonizar com Paulo Freire (1976, p. 92 e 93):

> Se há saber que só se incorpora ao homem experimentalmente, existencialmente, este é o saber democrático. [...] Não há nada que mais contradiga e comprometa a emersão popular do que uma educação que não jogue o educando às experiências do debate e da análise dos problemas e que não lhe propicie condições de verdadeira participação.

Os novos saberes oriundos da reflexão e busca de soluções frente aos desafios surgidos no trabalho vão se mesclando com saberes já existentes, através do processo educativo proporcionado pela dialética problematização-reflexão-ação... As "situações-limite" tornam-se temas geradores, e estes oportunizam mediações pedagógicas capazes de gerar "inéditos viáveis" enquanto práticas, posturas e novos saberes que fortalecem relações econômicas de comensalidade, de cooperação e reciprocidade.

Contudo, sem idealizações ou triunfalismos[24] compreendo que tais experiências estão inseridas num ambiente de muitas tensões, conflitos e buscas, permeadas por avanços e retrocessos em termos de humanização dos espaços sociais. Aqui a ideia de comunidade não significa uma "ilha" sem conflitos ou contradições. Ficam as contradições decorrentes da convivência com o ambiente contraditório da cultura, ideologia e relações de produção capitalistas. O modo de produzir solidariamente na forma autogestionária continua submisso ao modo de produção capitalista hegemônico na sociedade. Contudo, a nova prática favorece mudanças em profundidade do ser dos trabalhadores oportunizadas pela prática de trabalho associado. Este ambiente, pedagogicamente potencializado, pode tornar-se espaço de múltiplas mediações pedagógicas.

3.4.2. O processo participativo autogestionário: Sentidos e aprendizados

A análise crítica destas práticas tem mostrado os limites e possibilidades de uma gestão transparente, com participação de todos nas decisões. A qualidade desses processos repercute decisivamente nos destinos e sustentabilidade dos empreendimentos.

O sentido de participação como mediação pedagógica pressupõe postura, interesse, mobilização e envolvimento. Não acontece por acaso. Exige canais, mecanismos de participação, não como dádiva, mas como construção, processo de conquista ou apropriação com intencionalidade

---

[24] "A educação popular, até o final da década de 80 e início dos anos 90, desenvolveu-se com uma forte tendência ideológica e se caracterizou por ser ativista e, em certas ocasiões, triunfalista. Uma das tendências atuais é se desenvolver integrada ao trabalho produtivo e às diferentes atividades da economia popular" (Gutiérrez, 1999, p. 98 e 99).

(no sentido da compreensão política), autonomia solidária (consciência ou postura individual e coletiva). Em decorrência, a análise reflexiva que segue parte da compreensão de que todo trabalho, num certo sentido, pode ser considerado associado, porque ninguém trabalha individual ou isoladamente, desligado de toda e qualquer cadeia produtiva. Fica evidenciado, contudo, que no trabalho assalariado "desaparece" ou "dilui-se" o componente da participação efetiva na gestão, em função da relação mercantil do trabalho, próprio das relações capitalistas.

Tendo presente a pluralidade e até ambiguidade dos conceitos de autogestão – que ressurgem nas sociedades atuais em função dos efeitos perversos da reestruturação produtiva –, o sentido aqui adotado relaciona-se com o desafio de construir uma cultura do trabalho associado, inspiradora de uma gestão autônoma que remeta a formas radicalmente novas de organização social de um investimento solidário. Em síntese, trata-se da participação dos trabalhadores na gestão, na propriedade (dos meios de produção) e nos benefícios gerados coletivamente. Envolve decisões corresponsáveis relativas aos destinos de um conjunto social, com base na atribuição do poder decisório dos sujeitos implicados. Centralmente visa superar a distinção entre quem toma as decisões e quem as executa, bem como avançar na autonomia decisória do empreendimento e indivisibilidade entre o ato de conhecer e executar. A autogestão inclui a viabilidade, autonomia e a sustentabilidade, mas não se reduz ao aspecto econômico nem ao âmbito do empreendimento. Assim, a autogestão torna-se um elemento fundante da vida individual e social dos que a ela aderem.

Os princípios da autogestão apontam para a superação de elementos do taylorismo que sustentaram o fordismo (Antunes, 1997),[25] mas

---

25 Ricardo Antunes (1997) sintetiza que os elementos constitutivos do regime fordista de trabalho eram dados pela produção em massa, típica da grande indústria capitalista que se desenvolveu ao longo dos séculos XIX e XX: a) através da linha de montagem e produtos mais homogêneos; através do controle dos tempos e movimentos e produção em série; pela fragmentação das funções; pela separação de planejamento e execução no processo de trabalho; em outras dimensões. Já o toyotismo, embora menos despótico, mais envolvente e participativo, tem um caráter manipulador dos trabalhadores. "O resultado do processo de trabalho corporificado no produto permanece alheio e estranho ao produtor, preservando, sob todos os aspectos, o fetichismo da mercadoria [...]" (p. 34).

em outros moldes, do que propõe a "especialização flexível" do modelo japonês (toyotismo). De acordo com a análise do capítulo anterior, na realidade atual, o conjunto dos empreendimentos de economia solidária é submisso e dependente das regras do jogo de concorrência capitalista e, por vezes, também está atrelado, por meio de relações clientelistas, a órgãos públicos. Ou seja, a prática de autogestão está condicionada às ambiguidades e contradições das relações sociais de âmbito local, mas também está ligada às estruturas mais amplas. Tal fato se verifica na aquisição de matéria-prima, na distribuição de produtos no mercado, bem como nas práticas de firmar convênios com setores governamentais.

Na ARDI, a prática autogestionária ficou assegurada com razoável alcance pela postura de gestores-educadores que integram o grupo no seu cotidiano.[26] Estes contribuíram decisivamente para imprimir um modelo autogestionário aos processos de organização, uma dinâmica administrativa e de participação nos resultados, bem como no compromisso solidário pelo patrimônio municipal sob responsabilidade da Associação. Os empreendimentos, em geral precários no processo de coordenação e assessoria, não conseguem viabilizar a prática dos princípios da autogestão. "Eles não têm aquela chance como nós aqui que fomos aprendendo com pessoas mais experientes e com mais estudo."

Por outro lado, ficou evidenciado que o processo participativo precisa ser constantemente conquistado e qualificado. Por vezes, o clima de resistências que se instala frente às contradições vividas pelos grupos leva a uma atitude de fechamento ao aprender, compreender e praticar a autogestão. Porém, anteriormente às barreiras que por vezes se instalam nas relações, deve-se enfrentar o fato de que muitos membros não se manifestam, não opinam por não estarem acostumados ou pelo grau de autodesvalorização, entre outros motivos.

A participação normalmente se amplia em torno de questões que envolvem diretamente o interesse de cada associado, diferentemente do que

[26] Aprofundarei esse ponto a seguir.

acontece quando se tratam questões polêmicas, conflitivas. Em ambientes tensos de trabalho e convivência, possivelmente haja maior resistência ao cultivo de momentos coletivos necessários para praticar os princípios de autogestão. Em decorrência, facilmente os grupos cancelam os espaços coletivos alegando, por vezes, desculpas como o excesso de trabalho para disfarçar o mal-estar presente. Se não há uma coordenação firme ou gestores-educadores com capacidade de tratar pedagogicamente os conflitos, facilmente abortam-se potenciais mediações pedagógicas subjacentes também às questões conflitivas.

A informação clara e a transparência nos processos de produção e gestão administrativa são de fundamental importância para garantir a dinâmica autogestionária. Para ser considerado empreendimento de economia solidária, é necessário que aconteça o que, por exemplo, acontece na ARDI que realiza, ordinariamente, sua "reunião mensal de partilha"[27]. Ali acontece a prestação de contas com discriminação das vendas de materiais reciclados realizadas no mês explicitando as quantidades de materiais produzidos (em kg), valores detalhados por produtos e sua soma, demonstrativo das despesas e sobras líquidas com distribuição do ganho de cada um, de acordo com o número de horas trabalhadas. Deste modo, a gestão administrativa pode ser mobilizadora de momentos reflexivos com variados elementos pedagógicos. Além do assunto de ordem financeira, podem ser tratados outros temas relacionados ao andamento do trabalho, às participações externas havidas, e pode haver discussão de projetos da Associação em andamento, partilha de informações e análise da relação com o poder público municipal, organização da recepção dos próximos grupos ou escolas agendadas etc.

O processo de autogestão exige, outrossim, o exercício radical de democratização dos saberes. "Quanto mais dividimos, mais todos se en-

[27] Reunião mensal de partilha realizada dia 02/03/2006. Com esse nome denominam a assembleia ordinária, que tem por finalidade a avaliação mensal e projeção do mês seguinte, incluindo a prestação de contas e análise do desempenho e outras questões importantes da vida da Associação.

riquecem de saberes de todos. Na empresa capitalista, a preocupação dos trabalhadores normalmente vai na linha contrária: 'Não posso passar o que sei, pois senão amanhã o(a) colega que ensinei pode tirar o meu lugar.'"[28] A atividade do trabalho associado contribui para compartilhar saberes que cada qual adquiriu antes de ingressar no empreendimento ou mesmo os que constrói posteriormente. Os saberes compartilhados se multiplicam cumulativamente; quem sabe ensina para quem não sabe.

Por fim, provavelmente, a qualidade do processo de autogestão depende de ou interfere, de forma diretamente proporcional, no grau de autonomia, iniciativa e corresponsabilidade dos associados. A relação entre participação de todos nos benefícios e responsabilidades tem contribuído para ampliar o senso de pertencimento ou a identidade coletiva, de sentir-se parte e corresponsável (Streck e Adams, 2006). Em decorrência, é possível afirmar que o *ethos* de origem dos integrantes da ARDI e de outros grupos sociais igualmente exerce influência decisiva no maior ou menor vínculo entre a identidade dos sujeitos e o projeto comum, entre concepção de mundo e ação sobre o mesmo.

Entre as limitações da participação constatadas vale lembrar o aspecto cultural do qual destaco as relações de gênero. O *ethos* impregnado na cultura em que o homem decide pela família, em geral, tende a perpetuar a falta de autonomia das mulheres. Esta é uma das questões polêmicas, de modo geral, conflitiva e não enfrentada nos empreendimentos compostos por mulheres e homens.

3.4.3. A dimensão comunitária do ethos *dos sujeitos: Limites e potencial educativo*

A modernidade como uma forma de pensar e organizar a vida tornou-se um paradigma sociocultural que, no século XIX, se relacionou com o capitalismo. Nele, os espaços referenciais de identidade, integração

---

[28] Depoimento de Roque Spies, gestor-educador, principal pioneiro da organização.

e segurança das pessoas eram o trabalho e a comunidade. Quais impactos tiveram as profundas mudanças no mundo do trabalho, sobretudo pela crise do emprego, sobre a vida dos trabalhadores?

Parto do pressuposto de que há uma íntima relação entre socialização, comunidade aprendente[29] e formação do *ethos*. A comunidade evoca um profundo sentido utópico numa realidade de fragmentação dos laços sociais e desenraizamento sociocultural dos grandes contingentes humanos que vivem nas periferias urbanas e zonas pobres das áreas rurais. Em todo processo educativo, toda transformação que ocorrer nas dimensões subjetiva (consciência) e objetiva (espaço da produção) "dá-se a partir da organização para a satisfação de necessidades básicas" (Gutiérrez, 1999, p. 32), que, de forma dialética, se torna mediação pedagógica. Para a nossa cultura extremamente racional e objetiva, na qual o imaterial é considerado como não-científico, ainda há muita dificuldade de valorizar a subjetividade como característica das relações econômicas de troca (ou relações mercantis) e das relações de solidariedade. O *ethos* comunitário como mediação pretende exatamente valorizar esta potencialidade, já que não existe subjetividade sem objetividade, e vice-versa. Este era o sentido que Freire atribuía aos "círculos de cultura",[30] uma comunidade aprendente específica com grupos de alfabetização de adultos oriundos das classes oprimidas.

---

[29] "Uma **comunidade aprendente** pode ser todo grupo humano que se reúne em algum tempo e lugar com o propósito de estabelecer uma interação fundada na troca de símbolos, de sentimentos, de sentidos e de significados dirigidos a uma busca solidária de algum tipo de saber, através da qual todos se ensinam e aprendem mutuamente... Toda comunidade aprendente estabelece condições apropriadas e fecundas de ensino-aprendizagem quando se organiza fora de pautas de concorrência e de competição" (Brandão, 2003, p. 113-114). Hugo Assmann (1998) utilizou, com sentido similar, a expressão "organização aprendente" (apud Adams, 2001, p. 189). Uma outra referência próxima de Rosa Maria Torres é a "comunidade de aprendizagem – escolar ou não-escolar – que constrói um projeto educativo e cultural próprio, para educar a si própria, suas crianças, jovens e adultos, graças a um esforço endógeno, cooperativo e solidário" (Instituto Fronesis: www.fronesis.org. Acesso em maio de 2005).

[30] Freire (1976) caracteriza os **círculos de cultura** como espaços que se caracterizavam pelo fato de terem em lugar de professor, o coordenador de debates; em lugar de aula discursiva, o diálogo; em lugar de aluno, o participante de grupo; em lugar dos programas prontos, temas geradores construídos participativamente (cf. p. 103).

A disposição de aprender com a experiência dos colegas de trabalho e, por parte destes, a presteza em compartilhar os saberes já adquiridos, materializam a presença da dimensão comunitária na prática do trabalho associado. O espírito comunitário pré-dispõe a subjetividade das pessoas com um *ethos* produzido num determinado contexto sócio-histórico que acompanha as condições atuais de uma organização carregada de valores comunitários.

O *ethos* comunitário, como mediação pedagógica, está associado ao fato de que os empreendimentos de economia popular solidária se caracterizam pela baixa divisão do trabalho. Os trabalhadores são os próprios gestores do processo produtivo, fato este que proporciona uma visão integral da produção que contempla desde a dimensão econômica até os sentidos dos valores e metas para o bem-viver. A formação dos sujeitos no processo de produção mediada pelo fator comunitário inclui uma intencionalidade e modelo social de desenvolvimento característicos. Ao mesmo tempo, outro elemento fundamental é que o componente comunitário na experiência do trabalho associado tende a favorecer, em grau elevado, a dedicação individual e o fortalecimento do espírito coletivo.

Gutiérrez (1999) ilustra esta correlação entre o trabalho e processo educativo: "Pode-se dar produtividade sem práxis, mas o que não se pode dar sem práxis é o conhecimento humano e o compromisso político" (p. 28). Luiz Razeto (1999), ao enfatizar o "fator C", estabelece diversas inter-relações que alargam a perspectiva do *ethos* comunitário para a cooperação no trabalho, o uso compartilhado de conhecimentos e informações, a tomada de decisões coletivas, entre outros aspectos.

Na ARDI, a produção com um projeto político-educativo desenvolveu-se na relação direta com a organização do ambiente de trabalho e seu entorno, isto é, a inserção na problemática socioambiental da cidade e articulação com outras organizações do campo da economia popular solidária da região e do estado. No ambiente de trabalho, o clima de bem-estar e compromisso mútuo influencia positivamente a atividade do trabalho, estimulando a dedicação criativa e resultando num "conjunto de benefícios a cada integrante e um melhor rendimento e eficiência à unidade econômica como um todo..." (Razeto, 1999, p. 41).

Em outras circunstâncias a degeneração da convivialidade solidária é percebida como extremamente prejudicial ao processo produtivo e educativo: "Eu tenho claro, pela minha experiência, que quando o comunitário está mal, [...] quando há um clima pesado, ranço, mal-estar, a produção não anda". O ambiente tenso ou de mal-estar desfavorece a partilha e (re)construção de saberes. O conflito exacerbado leva os trabalhadores a uma apatia, a esforçarem-se menos, a sonegar a partilha de saberes, havendo, em decorrência, diminuição da criatividade em favor do coletivo. De acordo com a relação entre o ambiente de trabalho e a prática de autogestão, o coletivo de um empreendimento pode valorizar e potencializar aprendizados.

As reuniões regulares do grupo, que aos poucos os associados começam a compreender como parte do trabalho, têm sido fundamentais para valorizar o ambiente comunitário cotidiano. A prática de diálogo, juntamente com a honestidade e clareza do agir, é reconhecida como decisiva para manter a própria sustentabilidade do empreendimento solidário. Uma das associadas entende que o projeto da Associação deu certo até aqui graças à prática dialógica que se realiza com todo o grupo, geralmente duas vezes por mês. É o que destaca uma das associadas:

> Para esse grupo existir, acho que foi decisivo esse diálogo que a gente tem... A gente tem um compromisso de sentar, no mínimo, duas vezes por mês e conversar. Dar-se este tempo. Isto é formação. Tem grupos por aí que não sentam, não conversam nunca, que não sabem o que acontece durante o mês. Acho isso de suma importância, poder sentar e escutar as pessoas, colocar ideias e discordar quando for o caso.

Tal dinâmica não se consolida sem esforço em função de preconceitos de que isso é perda de tempo ou mesmo pelo fato de os associados não estarem habituados ao exercício da gestão coletiva. Entretanto, os sujeitos mesmos vão se dando conta do crescimento de cada associado na capacidade de diálogo, convivência solidária e espírito de corresponsabilidade. A discussão sobre questões conflitivas, mediadas pelo *ethos* comunitário, pode contribuir para o enfrentamento das causas geradoras das mesmas e favorecer novas percepções, compreensões e mudanças nas práticas. De outro lado, melindres relacionados ao medo de falar frente a possíveis reações de não aceitação ou fechamento podem contribuir para deixar o conflito escondido "em baixo do tapete", levando à superficialidade no tratamento de questões por vezes cruciais para o empreendimento.

Entre as contradições ficou visível um conflito latente, mas não explicitado, nas relações cotidianas: a tensão entre a postura de autonomia dos sujeitos, o ambiente de convivialidade comunitária e as exigências do nível de rendimento no trabalho. Trata-se de aspectos contraditórios da organização e gestão do trabalho: onde todos – cada qual com seu ritmo de trabalho (uns mais lentos e outros mais ágeis) – recebem o mesmo valor por hora trabalhada ao final do mês, independentemente da "produtividade". Apesar do esforço para respeitar as características individuais, esta tensão do *mutirão-empreitada* permanece gerando, por vezes, um clima de mal-estar, insatisfação e até desestímulo no trabalho.[31]

Deste modo, é possível concluir que, embora as condições materiais tenham uma preponderância sobre a produção da existência – por se tratar de uma relação sempre dialética com a subjetividade –, o *ethos* comunitário de valorização e respeito mútuo pode ser ponto de partida e fonte retroalimentadora. Além da compensação econômica, a mediação do componente da subjetividade (relações afetivas) entre o grupo tende a resultar em expressões criativas e inovadoras, tornando possível a vivência comprometida com relações de solidariedade, apesar das tensões e conflitos sempre presentes nesses espaços. "[...] na economia solidária tende-se a integrar as necessidades de diversos tipos num mesmo processo de satisfação combinada" (Razeto, 1999, p. 45).

Eis aqui um eixo fundamental da prática para a autogestão dos trabalhadores e do seu exigente processo educativo. Como as tensões relacionadas ao ambiente de relações comunitárias e econômicas de coope-

---

31 Voltarei a esta reflexão a seguir. Insisto que o trabalho associado não está isento das contradições inerentes à busca da afirmação da sua centralidade. Num ambiente social em que as relações capitalistas são hegemônicas, a negatividade do trabalho, muitas vezes, impede a produção dos sentidos de plena realização da subjetividade humana devido à inversão da relação de posse e domínio das condições sociais do trabalho (Antunes, 2000).

ração estão sendo trabalhadas como mediações pedagógicas enquanto componentes educativos inerentes ao processo de trabalho associado? Como os saberes construídos através das práticas solidárias poderão qualificar as relações econômicas e contribuir para a ampliação da autonomia solidária dos sujeitos trabalhadores? Coletivamente, o processo educativo se dá nas relações de trabalho, na partilha de conhecimentos e informações e através da participação na tomada de decisões. O trabalho coletivo pode criar ou potencializar um ambiente educativo, desde que o sentido de comunidade – que oportuniza incentivos psicológicos indispensáveis, tanto para o processo produtivo como para o educativo – não camufle, esconda ou negue os conflitos que permeiam as relações sociais de produção. Embora diferentes do que acontece nas relações capitalistas, eles estão presentes no trabalho associado com desafios específicos para a formação dos associados.

Evidencia-se, desta forma, o fato de que a organização não necessariamente depende de um processo prévio de consciência. Por outro lado, as condições da trajetória anterior dos sujeitos acaba sendo decisiva na interação (des)educativa que se estabelece nas relações de trabalho dos empreendimentos que buscam orientar-se nos princípios da autogestão. Em função disso, é fundamental que gestores-educadores dos empreendimentos solidários tenham condições objetivas em termos materiais, culturais e de experiências prévias.

Concluo que a atividade do trabalho associado é princípio educativo pelo conjunto de relações geradas: cada troca de palavras e gestos e cada reciprocidade de saberes e de serviços podem ser sempre momentos de aprendizagem. Desenvolvendo necessidades relacionais e de convivência, pode haver a "redução da conflitualidade como um dos aspectos-chave para que se deem relações pessoais sadias e enriquecedoras" (Razeto, 1999, p. 109). É nas relações interpessoais "cara a cara" dos grupos de trabalho que se pode travar um verdadeiro diálogo, em que os elementos do *ethos* comunitário podem contribuir para contornar as disputas em relações de complementaridade.

No caso da ARDI, bem como em muitos outros empreendimentos de economia popular solidária do estado e do país, o potencial do comunitário no *ethos* dos sujeitos participantes está marcado por elementos de religiosidade. Contudo, sem ingenuidades, a conotação religiosa do comunitário não se coloca como "passaporte" linear para a colaboração solidária. Em muitos casos, tem se verificado a utilização do caráter religioso por lideranças centralizadoras e dominadoras que, contradizendo o discurso, descaracterizam a proposta autogestionária da EPS.

Cabe a clareza de educadores na problematização das contradições presentes nos empreendimentos evitando idealismos ou utopismos. A presença da dimensão utópica fica evidenciada, sobretudo, quando se valorizam os aspectos comunitários. A tendência utópica pode, por vezes, tornar-se "utopismo". A utopia tem o sentido de olhar mais longe, superar sempre o determinismo. Ela "representa nossa teimosia e rebeldia" (Demo, 2002, p. 164). Os utopismos se apresentam em forma de panaceias, tendencialmente saudadas como salvação, subestimando a força de sistemas históricos firmemente plantados, como é o caso da competitividade econômica capitalista de supremacia das grandes potências mundiais. Então é necessário discernir entre *utopia* e *utopismo* no processo de operacionalização de princípios como solidariedade e comunidade, sentidos esses fortemente evocados no ambiente da economia popular solidária. O *ethos* comunitário, como o princípio da solidariedade, carrega ambivalências. Como evitar que o altruísmo se torne uma espécie de ideologia e conduza ao *utopismo,* idealizando experiências com início inovador como se já estivessem no auge da emancipação?

A comunidade, enquanto círculo de convivência em que se organizam os grupos sociais, constitui-se no espaço permanente de socialização, de acordo com a reflexão anterior. Bauman (2003) traz algumas contribuições interessantes sobre o sentido utópico e paradisíaco de comunidade. Para ele, a comunidade nos remete sempre a algo bom, lugar cálido, aconchegante, "como um teto sob o qual nos abrigamos da chuva pesada, como uma lareira diante da qual esquentamos as mãos num dia gelado" (p. 7). É o lugar ideal onde nos entendemos bem, podemos confiar nos companheiros e companheiras e contamos com que os outros nos queiram bem. Sempre haverá alguém para nos dar a mão em momento de tristeza ou dificuldade. Ajudando os outros, temos o direito de esperar a ajuda de que precisamos.

Enfim, a comunidade evoca desejos em relação a algo de que sentimos falta para viver seguros e confiantes. É o tipo de mundo que não está ao nosso alcance, o "paraíso perdido" ao qual esperamos ansiosamente retornar. Frente à dura realidade anticomunitária que vivemos, esse "paraíso esperado" pode mobilizar as pessoas a "febrilmente" buscá-lo. "A diferença que existe entre a comunidade de nossos sonhos e a comunidade realmente existente" (Bauman, 2003, p. 9) constitui a tensão mobilizadora favorável ao desenvolvimento de aprendizados e ações individuais ou coletivas.

Em vista disso, a experiência comunitária incorporada ao *ethos* pode tornar-se fator adequado para a qualificação de espaços aprendentes, que, por sua vez, oportunizam mediações pedagógicas, especialmente porque facilitam a instauração de processos de solidariedade, com ênfase na partilha de saberes. Todo grupo vinculado a algum elemento que envolva a subjetividade-objetividade e, por isso, alimente sempre algum nível de solidariedade relacional e organizacional acaba vivendo um real processo educativo gerador de novos aprendizados para os participantes.

Nesta compreensão no processo de formação do *ethos*, as mediações pedagógicas ocorrem de forma peculiar em ambientes de solidariedade, mas não sem ambivalências. Como tudo é ambíguo e ambivalente, em toda solidariedade existe sempre a presença da disputa de interesses. Pedro Demo (2002) traz alguns elementos pertinentes da tensão entre altruísmo e autointeresse próprios da natureza humana, confirmados pela psicologia social:

a) cooperamos melhor com os familiares, afins e conhecidos;
b) cooperamos movidos por reciprocidade com outros que também cooperam;
c) cooperamos porque fazer força juntos pode ser mais vantajoso, pois o indivíduo sozinho tem pouca chance;
d) cooperamos na disputa entre grupos porque grupos que possuem mais pessoas altruístas sobrevivem melhor.

Entre outros, estes são fatores práticos de interesses mesclados pelo espírito comunitário, mais ou menos presentes no âmago do *ethos*, intimamente relacionados com o simbólico e imaginário que constitui os espaços aprendentes dos empreendimentos de economia popular solidária. De acordo com a intensidade dos elementos solidários presentes, participa-se mais ou menos da força motivacional que leva à resistência frente aos processos de exclusão social e, ao mesmo tempo, estimula o altruísmo nas pessoas que buscam o trabalho associado como forma de buscar condições de vida digna e feliz.

A ação coletiva e a integração solidária favorecem relações intersubjetivas que se constroem sempre na dinâmica objetiva-subjetiva-objetiva na ação educativa que se estende por toda a vida. Neste sentido é possível valorizar as comunidades de trabalho como círculos de cultura (FREIRE, 1976) constituídos por pessoas excluídas do mercado formal capitalista. Especialmente quando estas se organizam motivadas para a geração de trabalho e renda de forma autogestionária, apesar dos conflitos e contradições que forma de organização implica.

3.4.4. O "mutirão-empreitada" como mediação pedagógica

Quando os sujeitos falam dos sentidos do trabalho na ARDI destacam a motivação da participação igualitária nos resultados econômicos, fruto do trabalho coletivo. "Quanto mais produzimos, mais ganhamos!" Um depoimento ilustrativo caracteriza esse sentimento:

> Eu sei que não estou só, aqui. Os colegas que me cercam não veem somente eu aqui. Eles veem minha família. Daqui eu consigo auxiliar minha filha na faculdade dela. Consigo ajudar a manter a casa, com bastante sacrifício, mas com ginástica a gente consegue.

O ganho econômico é motivação para a dedicação ao trabalho de acordo com avaliação dos sujeitos participantes. "Não se trata de uma simples motivação pelo econômico", destaca outro depoimento. "É um incentivo se a gente sabe que quanto mais eu me esforçar, sou eu mesma que vou ser beneficiada. Todos se esforçam porque quanto mais todo mundo se esforçar, caprichar, nós mesmos no final do mês vamos receber.

É melhor para todos. "E outro completa: "Aqui eu ganho muito mais do que ganhava lá fora! A gente veio aqui com 'uma mão na frente e outra atrás'. Agora nós temos já as nossas coisas com o fruto do nosso trabalho. A gente dependia dos pais, agora temos as nossas próprias coisas".

A estabilidade das pessoas na Associação certamente tem a ver com a motivação de uma remuneração condizente, juntamente com outros fatores. Apesar da mescla com outras motivações, vale a objetividade da conclusão de um associado: "Com certeza se estivéssemos ganhando pouco, a maioria não estaria mais aqui". Neste aspecto os empreendimentos vivem uma tensão permanente entre o senso comum dos associados que objetivamente ingressam na Associação para obter uma boa remuneração, que, em geral, é percebida por eles como mais vantajosa do que se estivessem empregados numa fábrica ou comércio, por exemplo. De outro lado, além da remuneração, a meta é tornar-se um grupo autogestionário e que, portanto, busca assimilar e assumir um projeto político, de opção clara para ir consolidando um modelo de novas relações de trabalho, diferente do modelo de assalariamento ou mesmo do trabalho individualizado.

Na ARDI, como ocorre talvez na maioria dos empreendimentos solidários, o projeto político, a partir dos idealizadores,[32] carrega todo um potencial de utopia com elementos de um *ethos* característico. Ou seja, o projeto da economia popular solidária está prenhe de valores que autores como Marcel Mauss têm sintetizado com a "economia do dom": a reciprocidade e generosidade. Nesta perspectiva, aparece a materialização de características de um *ethos* do trabalho cujos sentidos mobilizam o tripé *dar-receber-retribuir* em torno da responsabilidade com que todos assumem o processo produtivo tal como observado na ARDI. Passei a designar essa prática e desafio coletivo de "mutirão-empreitada" pelo fato de articular uma forma típica de organização do trabalho e um consequente espaço de mediação pedagógica.

---

[32] Roque Spies e Odete Maria Faustino Spies iniciaram a organização do empreendimento com um projeto político e ecológico construído com longa experiência anterior (ver detalhes em Adams, 2005).

Os próprios associados constatam uma diferença de outros empreendimentos em que a produção (no caso, a separação dos materiais em outras reciclagens) acontece de forma individual, com maior liberdade quanto aos horários[33] e em que cada qual recebe pela quantidade de materiais selecionada. No empreendimento de Dois Irmãos, a produção é coletiva, uma opção consensualmente construída em torno do que pode ser designado de *mutirão-empreitada*. Este se caracteriza pela simbiose entre esses dois sentidos da experiência popular trazida do *ethos* familiar-comunitário pela maioria dos participantes. Tal prática de trabalho associado é muito distinta de outras experiências de EPS, onde a produção é individual, inexistindo o compromisso coletivo, no sentido de dar conta da tarefa assumida.

Mutirão refere-se a reciprocidade, doação, comensalidade e espírito de comunidade. A *empreitada* tem o sentido de tarefa assumida coletivamente, com um compromisso mútuo (um contrato formal ou informal), dentro do espírito de racionalidade produtiva. São duas experiências que os trabalhadores dos empreendimentos, em menor ou maior grau, trazem no seu lastro cultural, de saberes herdados e recriados em sua organização. O *mutirão-empreitada* designa o "casamento" entre o trabalho conjunto: onde cada um dá o melhor de si para uma causa comum, com o assumir corresponsável de cada qual para coletivamente dar conta da tarefa assumida (no caso, o serviço de reciclagem do "lixo" de Dois Irmãos contratado com a Prefeitura Municipal). Tal processo em torno de uma dinâmica econômica de *mutirão-empreitada* tem se caracterizado como mediação pedagógica fundamental para ampliar o senso de pertencimento ou a identidade coletiva, o sentir-se parte e corresponsável, promovendo a partilha e a geração de novos saberes.

---

33 O horário de trabalho cumprido por todos vai, regularmente, das 7h às 11h30min e das 13h às 17h30min, de segunda a sexta-feira. Aos sábados, normalmente funciona um revezamento com dois grupos, sempre no horário das 6h às 10h da manhã. Se nesse período não for possível dar conta dos materiais colocados na rampa de descarga pelos caminhões da Prefeitura, a coordenação propõe uma ou duas horas a mais para todos no mesmo dia ou organiza uma escala alternada com dois grupos, respeitando as possibilidades de cada membro.

Juntamente com a corresponsabilidade de dar conta da tarefa coletivamente acontecem outros estímulos e controles coletivos exercidos através de movimentos internos e externos ao empreendimento, como, por exemplo, a prática periódica de avaliações, do planejamento participativo e da interação permanente com as múltiplas facetas do entorno. Multiplicam-se, desse modo, mediações pedagógicas em torno dos sentidos do mutirão-empreitada, em que cada qual é estimulado a dar sua contribuição singular. A distribuição igualitária dos resultados do trabalho coloca a motivação em sentidos que valorizam a dimensão econômica como valor de uso que aponta para uma concepção não exploradora de economia. Trata-se de uma socioeconomia cuja prioridade é o cuidado, a convivência e a solidariedade integrada ao ambiente social e natural.

> Todos receberem o mesmo valor é uma motivação importante para as pessoas porque tudo o que nós fizermos, e quanto mais tanto melhor, vai render para todos no final do mês. Então, a partir do momento em que eu começar a 'matar' tempo, fazendo 'corpo mole', não vai só diminuir o meu ganho, mas o de todos. Então a gente tem de pegar junto! É obrigado a pegar junto!

Possivelmente a prática do *mutirão-empreitada* qualifica-se proporcionalmente ao grau de coerência com que cada membro assume sua corresponsabilidade no cotidiano do acordo coletivo. De outro lado, uma das questões conflitivas já mencionadas, mas com potencial pedagógico, situa-se exatamente na relação tensa entre o nível de rentabilidade no trabalho e a igual remuneração. Sem mecanismos objetivos de mensuração e controle, trata-se de uma questão nevrálgica para os empreendimentos solidários que adotam a forma de trabalho associado. Em tese, o critério colocado como referência para a gestão, neste aspecto, é a dedicação, no sentido de cada qual dar o máximo e o melhor de si. Contudo, os desafios continuam, pois na prática permanecem tensões latentes necessitam ser geridas de forma pedagógica.

3.5. Papel dos gestores-educadores: Exigências de uma coordenação pedagógica

A economia solidária requer gestores solidários, o que supõe "lideranças democráticas", descentralizadoras e que identifico pela expressão gestores-educadores. Diferentemente de agentes ou educadores externos ou assessores que vão esporadicamente para contribuir para a qualificação do empreendimento, os gestores-educadores assumem uma dupla posição: a) são, ao mesmo tempo, associados e gestores do empreendimento em constante aprendizado para avançar na assimilação e coerência com a prática da gestão participativa; b) são educadores e assumem uma relação pedagógica horizontal, dialógica, democrática. Pela sua postura estimuladora do processo participativo, proporcionam a partilha dos saberes, do poder, das responsabilidades e dos benefícios entre o grupo, com a motivação para o processo de formação permanente.

A utilização do termo "gestor-educador" em vez de "liderança" deve-se à atribuição de significados distintos na busca de coerência com os princípios da autogestão, a partir da análise do exercício em geral autoritário e centralizador de lideranças. O sentido tradicional de líder construído no contexto e em concepções hierárquicas de relações de poder carrega uma acepção diretiva, de verticalidade e lógica piramidal. O líder passa a reproduzir tal prática, transferindo a cultura da relação patrão versus empregado para os demais membros dos empreendimentos solidários. Desta forma, geram-se situações anômalas em que, por exemplo, existem cooperativas em que "associados" reconhecem com naturalidade a existência de "alguém que manda": uma cooperativa que tem dono, um patrão! Alguém que se destaca pelo conhecimento, capacidade ou maior astúcia no exercício do poder estabelece uma relação de dominação com os demais membros da organização. E, para que assim funcione, a liderança centralizadora tende a gerar dependência e submissão nos liderados, tornado-os "súditos" passivos, comportamento este que acaba tornando-se condição para permanecer no empreendimento. O gestor-educador, ao contrário, é alguém com postura democrática ao gerir o empreendimento com a participação de todos. O que ele sabe, vai passando para os demais.

No empenho para praticar os princípios de autogestão, surgem os desafios de garantir o diálogo em vista da construção coletiva, tarefa esta que cabe a gestores-educadores, pelo fato de estarem sempre presentes como membros do grupo. Trata-se de uma tarefa exigente, desafiadora na medida em que o desafio é trabalhar com questões objetivas articuladas com a subjetividade das pessoas: com suas histórias, com condições atuais que apresentam limites e potencialidades. Algumas pessoas ingressam em um grupo solidário em função da possibilidade para trabalhar, obter uma remuneração. E, aos poucos, com a ajuda reflexiva dos gestores-educadores, vão apaixonando-se pelo projeto político relacionado com os princípios da economia popular solidária. Há outros, no entanto, que se associaram porque não encontraram outro emprego, simplesmente. Como levar o processo de gestão e educação com sujeitos de diferentes níveis de escolarização, experiência, compreensão, motivação etc., mas que pretendem estabelecer relações solidárias?

São processos que exigem muita sensibilidade, compreensão e tolerância com cada membro. Além do mais, organização e gestão participativa não podem anular ou sufocar as capacidades individuais. E, por sua vez, a iniciativa e a liberdade dos indivíduos devem enriquecer a organização coletiva. Para construir esse caminho solidário na economia, na política, na família, na comunidade, na escola, nas organizações e nos empreendimentos solidários, precisamos constantemente mudar nossa forma de pensar e agir. Para isso, é necessário, sobretudo, vontade de querer aprender, muita humildade e ajuda mútua.

Neste processo, a mediação pedagógica de gestores-educadores torna-se decisiva no sentido de favorecer o potencial formativo em vista da construção de um novo *ethos* coletivo com características autogestionárias. Uma das suas tarefas decisivas tem a ver com a garantia de uma gestão administrativa transparente, confiável, justa. Mas como proceder para que essa presença atuante não gere dependências no grupo? O desafio é estabelecer uma relação formadora capaz de preparar novos gestores solidários com autonomia e iniciativa, multiplicadores de práticas e concepções autogestionárias, participativas e democráticas. Em vista disso, a meta numa organização de trabalho associado deve ser a de levar as pessoas sócias a se tornarem gestores-solidários.

3.6. Conflitos de gênero: Resistências e mudanças

O *ethos* cultural típico do patriarcado[34] não está incorporado somente nos homens, mas também das mulheres. Este se caracteriza por uma dominação plurifacetada de relações de gênero conflituosas, presente em todas as esferas da vida. O *ethos* da supremacia do masculino, da naturalização da submissão da mulher e do próprio assédio forma-se no processo de socialização, em todos os espaços sociais, mas com a predominância da influência das relações sociais de produção típicas de cada sociedade. Depois de arraigado no modo de ser, o *ethos* resiste à mudança, mesmo no ambiente de trabalho associado onde agentes-educadores tenham assumido posturas mais igualitárias no que tange às relações de gênero ou à gestão compartilhada do empreendimento.

As heranças das relações patriarcais são oriundas, primeiramente, da experiência familiar. A socialização determinante em torno dos papéis de homens e mulheres, em geral, iniciou-se muito cedo, como testemunha uma integrante da ARDI: "O pai parece que teve sempre um olhar mais carinhoso pelas meninas do que pelos meninos. Nós não precisávamos ir para a roça. Fazíamos o serviço de casa, cuidávamos os irmãos menores."

Alguns homens, por outro lado, refletiram sobre seus processos de reeducação que resultaram na reconstrução do *ethos* herdado dos pais. Depoimentos deram conta de algumas mudanças no padrão patriarcalista, influenciados pelo ambiente do trabalho associado. As falas de associados da ARDI são ilustrativas:

> Se pego o exemplo lá dos meus pais, minha mãe de manhã trabalhava em casa, de tarde também ia pra roça. E à noite, o serviço da

[34] Para Boff (2002, p. 54-55), "o fim do matriarcado é situado, atualmente, por volta de 2000 a.C., variando nas datas de região para região. É fato histórico que a partir de então o mundo começou a pertencer aos homens, fundando-se o patriarcado, base do machismo e da ditadura cultural do masculinismo. [...] O patriarcado não pode ser entendido apenas como dominação binária macho-fêmea, mas como uma complexa estrutura política piramidal de dominação e hierarquização, estrutura estratificada por gênero, raça, classe, religião e outras formas de dominação de uma parte sobre outra".

> casa era dela. O pai não fazia. Hoje nós chegamos em casa e fazemos juntos o que tem pra fazer. Assim, muita coisa que a gente aprende aqui na Associação, a gente aproveita para a nossa vida na família.

Uma das recicladoras avalia que foi educada para exercer serviços de mulheres.

> Eu fui criada naquele sistema em que meu pai – não culpo ele porque certamente ele também foi criado assim – dizia que mulher era para lavar louça, limpar o chão ou fazer comida. E a gente incute isso na cabeça. Na minha casa, na minha família mudou muita coisa. Hoje meu filho sabe que não é porque é homem que não vai lavar louça ou limpar o chão ou fazer uma comida.

Na mesma linha, outros enfatizam que aprenderam qualificar o diálogo em casa a partir da experiência democrática na Associação.

> Conversar com as pessoas, o diálogo. Foi um aprendizado! O que a gente aprende aqui [na Associação], também serve para a pessoa [...] De tudo a gente aprendeu! Ajudar a família em casa, fazer serviços, coisas pequenas, mas de grande valor para a família também.

Contudo, como o *ethos* é permeado de resistências à mudança, permanecem conflitos camuflados na relação entre homens e mulheres, sobretudo quando as últimas defendem posições próprias. Em muitos casos, os homens do grupo (às vezes uma minoria) aceitam as mulheres como colegas de trabalho desde que produzam bastante – igual ou mais do que os homens –, não tenham opinião própria e não se contraponham ao pensamento deles. Esta questão pode agravar-se ainda mais quando relacionada com as origens étnico-culturais. Além do mais, as contradições profundamente marcadas por formas patriarcais de relações de gênero tendem a mudar lentamente, podendo permanecer em alterações superficiais de comportamento, sem a superação das raízes do machismo. Em que medida a igualdade nas condições de trabalho e remuneração entre homens e mulheres já acontece nos empreendimentos solidários? Ou, quando acontece, acaba sendo tolerada, ou não verdadeiramente incorporada por todos os homens e, às vezes, inclusive com a conivência de algumas mulheres!

No processo contraditório há avanços na assimilação da condição de igualdade das mulheres quando os empreendimentos oportunizam a crescente participação na gestão e no exercício do poder. Em geral trata-se de conquista das mulheres, mais do que iniciativa ou concessão dos homens. De outro lado, elementos culturais do *ethos*, por vezes, dificultam a convivência ou a tornam superficial.

As pesquisas sobre gênero e sobre o princípio feminino/masculino ligam-se às concepções de ser humano, bem como às correntes pedagógicas, isto é, aos modos de compreensão de como acontecem os processos educativos. Leonardo Boff (2002) identifica três correntes que buscam explicar as relações ocorridas historicamente entre mulheres e homens.

1) A primeira visão propõe a determinação pela matriz biológica, segundo a qual a aprendizagem e os processos de socialização teriam pouca importância. Homens e mulheres seriam dotados de uma memória sexual própria que dá origem a comportamentos e características psicológicas distintas. As relações igualitárias, hierarquizadas ou opressoras entre sexos e as formas de poder seriam determinadas pela base biológica diferencial dos sexos. Nesta concepção permanece algum espaço para a educação?

2) Uma segunda corrente, de postura contrária, sustenta que as diferenças sexuais, de personalidade, de papéis e de exercício de poder seriam social e culturalmente determinadas. A sexualidade originária, no âmbito da cultura, das relações de poder e da sua inserção no processo produtivo seria um dado totalmente plasmável. Sem haver traços masculinos e femininos definidos, mulheres e homens poderiam ser moldados em qualquer direção (cf. Boff, 2002).

3) A terceira posição, com a qual me identifico, tenciona uma formulação que valoriza aspectos das duas correntes anteriores. Conside-

ra que mulheres e homens são parte e parcela da natureza e, ao mesmo tempo, sujeitos históricos capazes de intervir no mundo. Esta visão assume uma complexa interação entre fatores biológicos – distintos no homem e na mulher – e socioculturais, na construção concreta do gênero. "As diferenças sexuais são dadas e, simultaneamente, construídas" (Boff, 2002, p. 23). O comportamento, o tipo de relações entre mulheres e homens se forma e se desenvolve tendo por base as características genéticas na interação com o meio sociocultural. As diferenças biológicas, em vez de resultarem em reciprocidade e complementaridade, podem romper esse equilíbrio dinâmico e se degenerar em relações conflituosas, de dominação, de submissão etc., por influência do contexto socioeconômico-cultural.

Para contribuir para a mudança do *ethos* das pessoas – que implica alteração do jeito de pensar, da postura frente às situações e novas maneiras de agir –, os gestores-educadores, pelo fato de serem também membros do empreendimento, precisam agir de maneira mais compreensiva e problematizadora, articulando firmeza com uma relação de amorosidade lúdica e alegre.

Torna-se fundamental encontrar mediações pedagógicas que contribuam para encontrar razões objetivas nas relações conflitivas entre mulheres e homens estimulando o assumir com humildade uma auto e mútua avaliação crítica das vivências. Mediação significa igualmente a gestão dos conflitos e heterogeneidades. Possibilita, para além do processo espontâneo de aprendizagem, um aporte, por parte de agentes educadores, para estabelecer pontes entre os diversos "mundos cognitivos". Em todas as relações sociais, e parece mais evidente em ambientes de caráter autogestionário – possivelmente mais nestes últimos do que em empresas de heterogestão –, a conflitividade está presente, podendo provocar rupturas com saldo mais ou menos educativo. Nos empreendimentos de trabalho associado, o conflito não se coloca diretamente na oposição de classes como acontece nas relações capitalistas de trabalho (patrão x empregado), mas há outros que precisam ser enfrentados – entre eles, os de gênero.

3.7. Sujeitos que (se) educam: a ARDI como mediação pedagógica

3.7.1. Saberes e sentidos mobilizados no trabalho associado

Os saberes gerais mobilizados e úteis destacados são os mais variados: saber cozinhar, distribuir o trabalho, colaborar com os colegas sem esperar ser mandado; saberes de administração, mecânica, pedreiro, eletricista, produção orgânica de verduras; cuidados diversos com máquinas, cuidados com o ambiente; saberes de convivência em grupo, conhecimento do mercado no ramo de reciclados, acolhimento e diálogo educativo com quem vem visitar a Associação (seja uma pessoa ou um grupo); conhecimento de questões legais relacionadas com a questão administrativa e ambiental.

Os saberes que os participantes da ARDI julgam importantes, especificamente para atividade do trabalho no empreendimento, foram assim explicitados: disposição para cooperar com consciência de que o trabalho é em conjunto (não há patrão), abertura para aceitar críticas e sugestões; aceitar o desafio de fazer a sua parte e gostar de conviver em grupo; "ter vontade e disposição para trabalhar"; "ter paciência para conviver e aprender"; "ser pessoa correta e esforçada no trabalho".

Muitos dos saberes foram trazidos das trajetórias individuais ou então foram construídos e partilhados na Associação e passaram a integrar a vida do dia-a-dia. Na medida do possível, buscaram respeitar e valorizar as "qualidades" e saberes de cada um na definição das funções no trabalho. Como afirmou alguém do grupo: "Normalmente, quando uma pessoa gosta de fazer aquele serviço, ela rende mais também... Assim se aproveita o que as pessoas têm de melhor para dar ao grupo". Alguns relatos enfatizam que colegas surpreenderam ao realizar serviços diversos, inclusive nas áreas da administração e da organização da produção. Reconhecem que trazem muitos saberes da família e da história de trabalho, enfim, da experiência de vida de cada um. Contudo, para aperfeiçoar a parte técnica, alguns dos membros da ARDI foram buscar conhecimentos para manusear e saber classificar os materiais, conhecer o mercado, além de questões legais relacionados à administração e ao meio ambiente.

Houve um crescente aprendizado interno dos membros da Associação sobre o sentido do trabalho de reciclagem no que se refere à questão ambiental e relação de "com-vivência" e de cuidado. Na relação com a cidade, houve a organização de espaços onde recicladores buscavam ensinar o que aprendiam. E, por sua vez, ao desenvolverem esse trabalho educativo com quem os visitava na usina de reciclagem, em escolas, organizações, espaços comemorativos do município, ampliavam seus aprendizados. Apesar dos preconceitos em relação ao lixo e ao trabalho de reciclagem, atuando com a população os recicladores trabalhavam sua autoestima, aprendiam a se comunicar, a dialogar, a desenvolver um pensamento relacional, além de levar e trazer sugestões para o trabalho.

Em síntese, o ambiente de trabalho associado favoreceu o aprendizado de saberes necessários e fundamentais exigidos no processo de organização, nas relações internas, nas questões técnicas de produção e na administração, além de saberes ambientais e relações políticas.

a) Saberes organizacionais: estrutura legal que exige conhecimento da legislação, elementos essenciais da gestão participativa, princípios de organização do trabalho coletivo, desenvolvimento de capacidades para o assumir corresponsável.

b) Saberes relacionais: aprendizado do diálogo, da comunicação, postura de abertura para a crítica-autocrítica, explicitação e enfrentamento de conflitos, respeito e valorização das diferenças (ideias, maneiras de ser), contribuição no clima de bem-estar, bem-querer, disposição e esforço para vivenciar relações de igualdade de gênero, superando o machismo (preconceitos contra a mulher), humanização do ambiente.

c) Saberes técnicos na produção: compreensão do processo produtivo como um todo (na sua interdependência), saber distinguir os tipos de materiais (plásticos, papéis, metais etc.) para a separação adequada, as condições/metas de produtividade com garantia de associar a quantidade à qualidade, busca constante de novas formas de agregação de valor ao produto final.

d) Saberes administrativo-contábeis: esforço constante e coletivo para obter o melhor resultado possível em termos de valor a ser partilhado no fim do mês, controles e registros do fluxo de entrada de material e produção (partilha mensal do balancete pelos responsáveis), registro organizado e encaminhamento para contabilidade oficial.

e) Saberes técnicos de comercialização: a busca da comercialização direta com a indústria, relação permanente com o mercado, conquista de confiança pela qualidade do produto, estratégias de divulgação.

f) Saberes ambientais: compromisso de cada associado(a) ser educador(a) ambiental primeiramente pela coerência entre princípios do local de trabalho e vivência fora dele.

g) Saberes da relação com o poder público, instâncias da sociedade como escolas, conselhos de gestão de políticas públicas etc.

h) Saberes políticos: avançar na compreensão do trabalho de reciclagem na sua relação com outras realidades e políticas do município, do estado, país e mundo.

A maioria dos saberes mobilizados no trabalho, possivelmente, caracteriza-se pela inseparabilidade entre o pensar e o fazer, ligando-se à teia imediata e mediata do processo desenvolvido, basicamente de acordo com os princípios da autogestão. A unidade entre pensar e agir difere da concepção tradicional de primeiramente obter o aprendizado teórico para depois pô-lo em prática. Para contrapor-se a uma cultura da produção capitalista com uma cultura de trabalho associado, há que se formar trabalhadores autogestionários na práxis, o que demanda, consequentemente, uma mudança do *ethos* individual e coletivo. Trata-se de incorporar um novo *ethos* que se expressa, ao mesmo tempo, pela compreensão, postura e forma de agir. Em decorrência, a autogestão, para além das atividades econômicas, realizar-se-á igualmente em outras esferas da vida, como uma gradativa conquista dos próprios trabalhadores.

Este processo tem sido potencializado pela ação direta de gestores-educadores e apoio de agentes externos, educadores ligados a entidades (ONGs, Igrejas ou Universidades) ou outras pessoas apoiadoras. Essas instituições mediadoras podem contribuir para a articulação, elucidação de saberes e sentidos existentes, bem como para a produção de novos. Neste caminho, é possível alargar o processo de formação humana enquanto socialização do saber e da cultura, incluindo a saúde, a moradia, a convivência solidária entre familiares, amigos e vizinhos.

A prática solidária adquire sentidos de realização pessoal e mudança do *ethos*. E, ao mesmo tempo, a expressão destes sentidos acaba fortalecendo a cooperação, aperfeiçoando a prática e criando novas formas de ação. Tal fato é perceptível na medida em que os sujeitos associam seu trabalho com relações solidárias (de não assalariamento) ao processo educativo em relação à atitude de proteção da natureza como um todo. Novamente vale reafirmar que, em relação aos sentidos do trabalho associado, aparece o esforço dos gestores-educadores ao considerar a produtividade para além dos moldes clássicos dos ganhos econômicos. Isto porque, como elucida Nilton Fischer (2005),

> a produtividade social se mede pelos ganhos sim, materiais, mas, sobretudo, pela combinação desses ganhos com os ganhos solidários, afetivos e ecológicos. [...] trabalhar coletivamente, cuidar de si e do planeta, criar regras comuns de convivência e relações de trabalho (p. 8).[35]

Isso tudo, porém, não se realiza sem rupturas com antigos padrões de dependência, do "jeito capitalista de pensar" e agir. Os processos educativos decorrem dessa (re)construção tensa entre estímulos e resistências para consolidar um novo *ethos* capaz de dar suporte a valores emancipatórios. Além do mais, a partilha e a construção de saberes acima referidos não suprem todas as lacunas existentes, por exemplo, não substituem os aprendizados oportunizados pela escola e outros. Pelo contrário, os sujeitos dos empreendimentos de economia solidária muitas vezes remetem suas lacunas de desconhecimento à falha na escolarização básica cujo vazio os sujeitos buscam suprir de outras formas.

---

[35] Aspecto enfocado na apresentação do livro *Vivendo e Reciclando*.

Gestores-educadores nos empreendimentos solidários podem estabelecer, com o conjunto dos membros, relações sociais e políticas mediadas por relações de poder que favorecem a partilha e construção de saberes capazes de contribuir para consolidar processos de emancipação social. Ao contrário, em espaços hierarquizados – inclusive em empreendimentos que se autodenominam de solidários – onde chefias exercem o poder de forma autoritária, impositiva, concentradora e de controle, não se pode falar em relações educativas. Aí temos condições de trabalho que bloqueiam, inferiorizam, não permitem o surgimento de ideias próprias, não estimulam a criatividade, a autonomia e o poder coletivo democraticamente exercido. Nestes espaços, "há desqualificação, perda de identidade e infantilização dos 'subordinados', 'subalternos'" (Arroyo, 1997, p. 66). Tais condições de desqualificação, levadas ao extremo por uma não consciente autoexploração, estão presentes com maior intensidade igualmente em empreendimentos de economia solidária cujos membros, por diversas razões, abdicaram de compreender o direito ao trabalho digno como direito a ser conquistado (Fischer, N., 2006).

Os sentidos proporcionados pelas mediações pedagógicas do trabalho associado dão-se no nível da produção e reprodução da existência e da compreensão de que as condições materiais do ambiente de trabalho oportunizam a construção de saberes não necessariamente emancipadores. Dito de outra maneira, o trabalho torna-se uma experiência central, um princípio educativo, com resultados sempre contraditórios, seja em vista da humanização ou desumanização. Trata-se de um espaço que carrega uma positividade ou negatividade presente em toda experiência que depende das condições materiais a que os sujeitos estão submetidos. "É a materialidade do espaço onde reproduzimos nossa existência que nos torna humanos ou desumanos, que nos educa ou deseduca" (Arroyo, 1997).

É possível concluir que, nos ambientes de trabalho associado, de democracia e gestão participativa criam-se condições favoráveis para fortalecer uma autonomia solidária. Nestes espaços, a relação de gestores-educadores potencializa preponderantemente mediações pedagógicas formadoras, buscando minimizar os limites condicionantes dos contextos deformadores.

3.7.2. Inserção social da ARDI: Uma relação aprendente e pedagógica

Destacando a dimensão socializadora do ser humano no processo educativo, possivelmente os empreendimentos de economia popular solidária têm, na interação entre local (vida cotidiana) e inserção social (articulação com o contexto mais amplo), um dos dilemas mais exigentes a ser enfrentado. Como poderia ser potencializada uma relação aprendente entre os diversos níveis destas duas instâncias? Entre o local e o "global" há uma complementaridade contraditória, e não uma oposição. O lugar é uma expressão dos fenômenos globais, mas o local não se reduz à presença de elementos globais. As duas perspectivas se complementam.

Embora não enfatize o foco do desenvolvimento local revalorizado a partir dos anos 1980 e 1990 no Brasil, vale aqui uma menção pela proximidade de sentidos. O local como espaço interdependente no seu atual significado tem sua origem num contraditório reordenamento espacial. O chamado fenômeno da globalização – como ampliação do espaço econômico internacional – não eliminou, mas revitalizou espaços locais com motivações políticas contraditórias.

Uma primeira visão tem a ver com a ideia de que a descentralização de responsabilidades e de políticas contribui para o enfrentamento da crise do Estado, visão esta estimulada pelo Banco Mundial. Outra visão, em reação a um tipo de desenvolvimento gerador de desigualdades regionais, propõe metodologias endógenas de planejamento e mobilização das capacidades locais, processo que deu bons resultados nos países da Europa. Nos países do Sul, uma terceira tendência percebeu a disputa da hegemonia a partir do local, estimulando propostas participativas como uma estratégia política adotada em muitos governos democrático-populares. Este último significado de desenvolvimento local ganhou força com a crise do trabalho nas áreas urbanas e a consequente necessidade de geração de alternativas de trabalho e renda, acompanhadas do esforço do resgate de utopias humanizadoras (Alves da Silva, 2005).

Na primeira fase de uma pesquisa realizada pela Cáritas do Rio Grande do Sul em parceria com o Centro de Documentação e Pesquisa

– CEDOPE/Unisinos (Gaiger, 1994), foi constatada uma relação de proporcionalidade entre viabilidade ou sustentabilidade e a articulação dos empreendimentos com organizações de apoio, redes locais e amplas de PACs. Ou seja, empreendimentos com um maior grau de articulação apresentavam maior índice de longevidade. Em muitos casos, traziam também mais benefícios para seus integrantes.

Ao lado de empreendimentos com características emancipadoras, a mesma investigação revelou que muitas outras iniciativas traziam marcas de um novo assistencialismo expressas numa relação de dependência com as entidades de apoio. No entanto, a maioria das iniciativas de caráter assistencial tinha curta durabilidade e era economicamente insustentável, sem negar, contudo, seu potencial educativo aos participantes. Este resultado social e formativo dependia, sobretudo, da qualidade da metodologia adotada por agentes mediadores/entidades de apoio, atuantes com tais projetos alternativos comunitários. O desafio da educação era, e hoje não é diferente, garantir mediações pedagógicas que contribuíssem para o enfrentamento das barreiras econômicas, culturais.

Doze anos depois, com a experiência de referência acompanhada no período 2005-2006, foi possível inferir que o sucesso da ARDI deveu-se, entre outros fatores, às múltiplas articulações e interações com instâncias externas. Entre os agentes de articulação ou apoio podem ser destacados a administração municipal, forças sociopolíticas no município, fóruns regionais e estadual de economia solidária, articulação regional e estadual de Associações de Reciclagem, instituições estatais e ambientais diversas, relação com pesquisadores e educadores relacionados a programas de pós-graduação (PPGs) ou incubadoras de Universidades, além de empresas com quem se relacionam comercialmente.

A participação em eventos (como encontros, cursos, fóruns, conselhos e a interação com a população do município) tem constituído a ARDI – como organização aprendente e ensinante – mediadora pedagógica. Esta qualificação se deve, em boa parte, pela relação educadora que gestores-educadores dessa organização levaram o grupo a estabelecer nos e com os diversos espaços. Eis alguns depoimentos de pessoas que participaram do grupo de discussão:[36]

> Eu conheço o trabalho deles. Eles nos ajudam na educação ambiental na escola (professora).
>
> Já fui várias vezes lá na reciclagem e fiquei surpresa com a limpeza, as plantas e árvores, tudo bem cuidado. Gostei muito do ambiente e das pessoas. Não pensei que tinha gente tão competente em Dois Irmãos (comerciante).
>
> A cidade não seria a mesma sem o grupo da Associação e o trabalho que eles fazem na Usina e junto à população, especialmente indo às escolas e outras repartições ou recebendo as pessoas em visita no local (servidora pública).
>
> A preocupação e o cuidado que eles têm com o meio ambiente nos contagia e nos cativa. A associação se consolidou pelo seu trabalho. Mesmo que alguém ainda não tenha aderido à separação de materiais, todos acham o trabalho deles importante (professor).

Outros depoimentos evidenciaram que os recicladores conseguem proporcionar às pessoas aprendizado e mudança maiores acolhendo-as no local de trabalho, mostrando e explicando os processos realizados com suas implicações. Diversos professores exemplificaram que depois de terem levado os alunos para uma "oficina" na Usina de Reciclagem, onde foram acolhidos por duas pessoas, as crianças voltaram diferentes, com um resultado, em termos de aprendizado, muito superior do que se alguém do grupo da Associação tivesse ido até a escola, apesar de a fala de quem vai representar o grupo costumar ser acompanhada de uma mostra de resíduos enviados pela população. A aparência e o mau cheiro dos

[36] Grupo de discussão realizado no dia 25 de maio de 2006, com a participação de 10 pessoas representativas: professores, trabalhadora da área da saúde, do comércio, de padaria, movimento de bairro, servidora municipal, sindicalista, radialista, religiosa.

resíduos misturados chocam as pessoas: "Eu, vendo aquilo, fui motivado pelos recicladores na reunião do Fórum Lixo e Cidadania, onde aprendi muito! E desde lá eu sou um parceiro" (radialista).

Por isso, a insistência:

> Não queremos ficar isolados em nosso empreendimento, mas nos articular com a cidade, com grupos de recicladores e com todo movimento de economia popular solidária, na discussão sobre as grandes questões relacionadas com o meio ambiente e modelo de desenvolvimento diferente. Para nós está claro que não podemos deixar o processo educativo para a Prefeitura. É tarefa nossa![37]

"Cada um de nós pode ser um educador ambiental" é o desafio que os membros da coordenação colocam para aprimorar a relação Associação e cidade. Faz parte desta estratégia a participação no desfile municipal de 7 de Setembro, sendo emocionante a expressão dos aplausos da população que admira a Associação e tem orgulho dela. Em vista desta legitimidade conquistada, os recicladores podem contribuir para produzir relações sociais e ambientais com mudança de compreensão, gerando uma cidadania solidária fundamental para um novo desenvolvimento local.

A relação com as escolas tem sido outro caminho fértil do processo de ensinar-aprender. Quando professores solicitam a presença de alguém da Associação para um trabalho educativo ou quando pretendem levar grupos, há todo empenho para atendê-los.

> Nós damos cursos na escola sobre separação do lixo. Eles vieram aqui fazer uma visita. Nós damos o ensinamento como funciona a separação para os alunos. É tudo importante [...]. A gente tenta passar para fora o valor que nosso trabalho tem, como a gente aprendeu. Agora a gente dá ajuda, ensina, mostra como se faz, como funciona [...]. A gente faz campanhas em colégios. E a comunidade apoia bastante. 7 de

[37] Depoimento de Roque Spies, gestor-educador da ARDI na reunião mensal de partilha de 02/03/06.

Setembro, por exemplo, participamos do desfile e a gente viu o quanto a comunidade está do nosso lado.

Entendem os associados que a estratégia que deu melhor resultado educativo foi o diálogo com as pessoas dentro da usina de reciclagem.[38] "Mais do que o falar como é, o fato de verem muda a ideia que eles têm sobre o trabalho com o lixo. A pessoa que vem nos visitar não vai mais jogar lixo em qualquer canto; vai ter uma visão nova." E conclui: "O pessoal fica observando, olha como eles fazem! Não é preciso dizer com palavras".

Uma das atuações estratégicas é o trabalho educativo com professores. Um exemplo: a direção e comissão de educação ambiental da Escola Estadual Afonso Wolff combinou um encontro de formação com todos os professores e funcionários. Houve resistências em fazer o encontro no ambiente da reciclagem. Alegavam o mau cheiro, a dificuldade de fazer o lanche, local para acomodar o grupo, a possibilidade de chuva e assim por diante. Porém, a comissão da ARDI encarregada de acolhê-los argumentou e convenceu a direção da escola para que toda a "oficina" fosse desenvolvida na usina de reciclagem.

O encontro reuniu 44 professores e professoras desta escola, entre eles também um grupo de funcionários, que passaram uma manhã de sábado numa caminhada reflexiva por todos os espaços em que se desenvolve o trabalho de reciclagem e arredores. Unindo fala com manuseio, mostra de objetos e ambientes na presença de um grupo de recicladores que fazia a separação, três membros da coordenação, em nome do grupo, explicavam todos os detalhes do processo, de forma acessível. A partir da experiência cotidiana, a reflexão fazia a relação com a realidade mais ampla da questão ambiental, do modelo de consumo e de vida individual

38 A mesma posição apareceu com forte consenso no encontro de discussão externo realizado dia 25/05/2006. Ao final dos debates, a sugestão de organizar grupos de pessoas da comunidade, aos sábados, para visitar a usina de reciclagem passou a ser implementada no ano de 2007, de forma articulada com a visita dos alunos das escolas durante a semana. Os recicladores se organizam, em geral, em duplas para receber e dialogar com os grupos dos bairros que vêm visitá-los aos sábados, além do trabalho realizado com os alunos no decorrer da semana.

e social. Observou-se um tensionamento dialético entre dois saberes: o da atividade do trabalho, trazido pelos recicladores, e o saber elaborado, arrolado por alguns professores da comissão ambiental da escola. Desta maneira, ficou evidenciado que os trabalhadores não são somente alvo e fonte de formação, mas participam dela, produzindo conhecimentos ao trocar experiências, apropriando-se de conceitos, normas, técnicas (Schwartz, 2003), com visão crítica e política.

3.8. A construção de um *ethos* favorável à defesa da vida e à emancipação social

Na trilha de Aristóteles, autores como Karl Polanyi (1992) e Martínez Alier (1998) assumem a diferença entre a ECONOMIA (*oikonomia, em grego*), entendida como o aprovisionamento material-energético da casa e da polis (seria hoje a ecologia humana), e a CREMATÍSTICA, a forma de economia mercantil enquanto estudo dos preços e sua manipulação para ganhar dinheiro (que hoje se chama ciência econômica). Na sociedade de mercado capitalista, o objetivo é o acúmulo de ganhos monetários. Em outras economias, o que se busca é a reprodução material da própria vida. Frente aos desastrosos impactos ecológicos da forma crematística, isto é, predatória de economia, "trata-se de construir uma sociedade mais ecológica, com o apoio daqueles prejudicados pela distribuição desigual das oportunidades econômicas e também pela distribuição ecológica desigual" (Martínez Alier, *op. cit.*, p. 372). Infiro, a partir daí, uma relação entre ecologismo dos pobres com um "paradigma de cuidado", de distribuição mais igualitária das oportunidades econômicas e ecológicas.

Após dois séculos de ditadura do realismo materialista, a humanidade se depara com uma crise civilizacional decorrente de um desenvolvimento como progresso-sem-fim baseado numa economia crematística. A sociedade conformada material e ideologicamente em torno do máximo lucro tem na depredação utilitarista uma lógica necessária que direciona a produção (produtivismo), o consumo (consumismo), a relação com a natureza (exploração-destruição) e as relações sociais (expropriação do trabalho humano pelo capital). O consumo excessivo dos ricos gera impactos ambientais que prejudicam as condições de existência dos pobres. Essa lógica ainda predominante ameaça brutalmente a vida de toda a humanidade, condenando 2/3 da população mundial à miséria. Neste sentido, Restrepo (2001) enfatiza:

> Não podemos perder de vista que a crise ecológica tem suas raízes, antes de tudo, na problemática surgida a partir da extensão ao mundo inteiro do modelo de monocultura vigente, tanto para a agricultura como para a indústria e a organização burocrática (p. 88).

O *ethos* presente nesta cultura modelada pelas relações capitalistas reflete contradições e causas da destruição. Em função do seu movimento infinito de expansão, capitaneia

> a entronização da monocultura como modelo de guerra e se apoia na simplificação e na homogeneização, na vontade de erradicar os conflitos, negar a diferença e desenvolver instrumentos cada vez mais mortíferos e precisos para controlar os inimigos, sejam eles pragas, bactérias ou seres humanos (Restrepo, 2001, p. 89).

Frente a isso, Martínez Alier (1998) defende o ecologismo popular tendo como base de sua compreensão a possibilidade de uma economia mais ecológica, equitativa e solidária. Tal perspectiva é favorecida em função de que as próprias contradições resultantes do paradigma produtivista e exploratório geram múltiplas reações por parte de um número crescente de pessoas, grupos humanos, organizações e instituições das sociedades. São muitíssimas as experiências, em todos os espaços da vida, que a tradição científica ou filosófica ocidental ainda não conhece ou não considera importantes. É uma riqueza social desperdiçada que precisa de um novo modelo de racionalidade para ser reconhecida e valorizada por meio de uma sociologia das ausências e das emergências (Santos, B., 2004, 2006).

De acordo com o horizonte utópico da economia popular solidária, a construção do conhecimento e modo de vida assenta-se em um paradigma do cuidado. Todavia, tal projeto sociopolítico-cultural e econômico se processa num ambiente contraditório da vida em sociedade infestada pelo caráter de exploração incorporado, próprio das sociedades capitalistas, e sempre realimentado pela propaganda estimuladora do consumismo. Nas reflexões grupais, algumas pessoas manifestavam a consciência do limitado alcance do seu trabalho, em termos de transformação estrutural. "Enquanto nós estamos aqui construindo um projeto de solidariedade e de conservação do meio ambiente, lá fora há outros destruindo!" Assim, a ARDI convive com tais contradições e as reproduz na tensão entre o modelo de depredação da natureza e o de cuidado.

As contradições são ainda maiores, em se tratando de um trabalho com o lixo da sociedade do descartável, onde o consumo assume o status de ideal de vida, de ser cidadão. Ousaria afirmar que o lixo se constitui uma forma privilegiada para conhecer a sociedade por dentro. Através do lixo é possível medir o grau de degradação de uma sociedade, o nível de educação, miserabilidade e desigualdade social de determinada população. Como entender que uma parte das pessoas tenha que sobreviver do que outras jogam fora?

Uma das posturas que se encontra na raiz do *ethos* é o cuidado, como um modo de ser essencial, dimensão fontal, originária, ontológica do ser humano que, sem o cuidado, deixa de ser humano, desestrutura-se, perde sentido, morre. Leonardo Boff (1999) afirma:

> É no cuidado que vamos encontrar o *ethos* necessário para a socialidade humana e principalmente identificar a essência fontal do ser humano, homem e mulher. Quando falamos de *ethos* queremos expressar o conjunto de valores, princípios e inspirações que dão origem a atos e atitudes (as várias morais) que conformarão o habitat comum e a nova sociedade nascente. É urgente um novo *ethos* de cuidado, de sinergia, de re-ligação, de benevolência, de paz perene para com a Terra, para com a vida, para com a sociedade e para com o destino das pessoas, especialmente das grandes maiorias empobrecidas e condenadas da Terra (p. 38 e 39).

O autor caracteriza o *ethos* do cuidado como ser-no-mundo-com-outros, isto é, numa coexistência e "com-vivência". Vivemos, no atual contexto, um *ethos* do trabalho na lógica instrumental de conquista, apropriação e dominação por parte do ser humano sobre os demais seres, inclusive sobre o próprio ser humano. Esse tipo de trabalho-poder formou culturas modelando a si próprio e a natureza a serviço dos seus interesses pessoais e coletivos. O *ethos* antropocêntrico ignora o primeiro sujeito: o universo, a Terra.

O *ethos* do cuidado confere um sentido diferente ao trabalho, contrário ao espírito utilitarista e depredador. Somos parte da natureza e de tudo que nela existe, e, em vez de uma postura de domínio, a relação é de convivência, interação e comunhão. O *ethos* do cuidado permite viver a experiência fundamental do valor, do que é essencial e tem sentido. É desse valor que emerge a dimensão da alteridade, de respeito, de sacralidade, de reciprocidade e complementaridade. Daí o grande desafio de combinar a postura ética de cuidado com meio ambiente, relações sociais de produção e a construção de um novo *ethos*.

Mais do que uma atribuição do feminino, a ternura assume o sentido de um paradigma de convivência que envolve o terreno do amoroso, do produtivo e do político. O *ethos* do cuidado aproxima-se, assim, do conceito de ecoternura que inclui a sensibilidade de nossas relações com o ecossistema colocando, no lugar das monoculturas, outras bases para evitar sua destruição (Restrepo, 2001). Trata-se de uma das características essenciais assumida como princípio da economia popular solidária: a questão do cuidado com o ambiente social e natural, o que se tem designado de "ecologismo(s)".

O conceito original de ecologia[39] evoca uma crescente preocupação ética que implica uma relação de convivência com a natureza obedecendo a sua lógica interna de solidariedade e interdependência, sempre na perspectiva de sustentabilidade. "Tudo o que tem a ver com a natureza dos sistemas vivos

[39] O conceito de ecologia vem da biologia e significa o "estudo das relações entre os seres vivos e o meio ou ambiente em que vivem, bem como as suas recíprocas influências. Ramo das ciências humanas que estuda a estrutura e o desenvolvimento das comunidades humanas em suas relações com o meio ambiente e sua consequente adaptação a ele, assim como novos aspectos que os processos tecnológicos ou os sistemas de organização social possam acarretar para as condições de vida do homem" (Novo Dicionário Aurélio, p. 617).

e as suas interações entre eles e com tudo o que existe em nosso planeta tem sido estudado cientificamente pela ecologia" (Brandão, 2005, p. 89).

Na origem grega, ecologia significa o estudo da casa. José Lutzenberger (*op. cit.*, Boff, 1995, p. 18) definiu a ecologia como "ciência da sinfonia da vida", como "ciência da sobrevivência". A ecologia tem a ver com sustentabilidade, com uma compreensão sistêmica da vida num processo dinâmico de coevolução (Capra, 2002). Luiz Carlos Restrepo (2001) apela para o paradigma da ecoternura[40], com um "chamado à ternura e à recuperação da sensibilidade", abandonando a lógica da guerra contra a natureza e contra todas as formas de vida. Assim, proponho um conceito de ecologia enquanto uma nova ética planetária que integre as dimensões biológica, cognitiva, social e ética da vida para enfrentar a crise civilizacional que hoje vivemos. Somente assim conseguiremos gerar e valorizar um conhecimento que tenha presente o contexto que nos rodeia, elevando, ao máximo, a sustentabilidade da teia da vida.

Um novo paradigma em ascensão caracteriza-se pela "re-ligação, re-encantamento pela natureza" (Boff, 1995; 1999) e traz a marca da compaixão pelos que sofrem as consequências do paradigma *crematístico*. Assume uma postura de ternura para com a vida e de pertença amorosa à mãe Terra. A nova racionalidade cosmopolita poderá concretizar-se, mas possivelmente não sem o retorno a sentidos *ontológicos* que compreendem um "conjunto de princípios que condiciona transculturalmente o comportamento humano" (Boff, 1999, p. 195). Trata-se de uma ecologia que parte da singularidade do saber ecológico, que é relacional e complexo.[41]

---

[40] Para o autor, "ecoternura é desburocratizar o conhecimento, convertendo sua produção e conservação numa prática de autogestão" em vista de uma racionalidade ecológica que não exclua a ternura e não se feche na "arrogância imperial". "Não é possível continuarmos pensando o técnico como sede do saber, porque o conhecimento não está aqui nem ali, nem no sujeito nem no objeto, mas num lugar intermediário, lugar de interação e da construção conjunta" (Restrepo, 2001, p. 84-85).

[41] Fundamento-me aqui na concepção de complexidade como interação entre todas as realidades existentes no cosmos, racionalidades e dimensões da vida individual e coletiva. São bases dessa compreensão o ecofeminismo, os estudos de Fritjof Capra (2002), Edgar Morin (1998, 2002), Martínez Alier (1998) e autores do pós-colonialismo, especialmente

Martinez Alier (1998) avalia o processo histórico da ecologia desde o olhar da economia, defendendo um ecologismo popular ou o ecossocialismo. De acordo com o autor, circunstâncias históricas, limites ideológicos e conceituais levaram a um divórcio também entre marxismo e ecologia.

> Um marxismo ecológico deveria, pois, ter unido o estudo dos conflitos surgidos da distribuição econômica (os conflitos típicos de diferentes relações de produção) com os conflitos relacionados com a distribuição ecológica, ou seja, com as assimetrias e desigualdades sociais (também espaciais e temporais) no uso dos serviços da natureza e dos recursos naturais (Martinez Alier, 1998, p. 370).

Todavia, hoje já há economistas e educadores de inspiração marxista que assimilaram essa contradição e, na linha do ecossocialismo, contribuem para potencializar o que os movimentos dos pobres trazem em gérmen: a força emancipadora de defesa e "controle comunal", e não predatório, dos recursos naturais.

Localmente, como no caso da Associação dos Recicladores de Dois Irmãos, fica visível que a percepção ecológica é socialmente construída, e, por isso, há resistências aos movimentos de ecologismo popular que organizam novas práticas e saberes ecológicos. A questão ecológica, enquanto vertente de construção de sentidos e saberes emancipadores, ocupa hoje lugar privilegiado na experiência referencial analisada e, de forma crescente, na economia popular solidária. Neste sentido, retoma-se a articulação entre a crítica e proposição ecológica e a social como sendo uma única.

Decorre daí que, sob o ponto de vista de uma crítica radical, a reciclagem de resíduos sólidos corrobora a promoção do modelo crematístico, na medida em que busca sanar alguns efeitos da lógica consumista que continuará destruindo a vida no planeta. Contentar-se com a coleta seletiva e separação de lixo ainda não significa um combate à causa maior,

os que se identificam com uma perspectiva histórico-crítica ou pós-colonialismo de oposição (cf. Boaventura Santos, 2004, 2006), conforme argumentação teórica desenvolvida anteriormente.

que é o próprio modelo depredador, e, portanto, todo trabalho, neste contexto, não contribui para a emancipação social na radicalidade do seu sentido. Ou será que para mudar a realidade social e ecológica bastaria simplesmente reciclar e reaproveitar todo o lixo produzido? Mas qual então o significado real e potencial de empreendimentos solidários que atuam nesta excrescência da sociedade consumista?

Se a partir do atual padrão de consumismo a previsão é que o planeta não resistirá, vale partir "não mais do lixo, mas da matéria prima" – como dizem os recicladores – para anunciar mediações pedagógicas mobilizadoras das forças sensíveis da sociedade a fim de buscar coletivamente alternativas solidárias e sustentáveis. A mudança de paradigma passa pela epistemologia, pela finalidade política e social da ciência, pelo modelo econômico, pela cultura e pelas formas de espiritualidade (expressões de religiosidade). E sua construção exige uma racionalidade ética, terna e democrática na perspectiva de uma ecologia de saberes.

3.9. Por uma racionalidade ética, terna e democrática desde a ótica do Sul

Boaventura de Sousa Santos (2004; 2006) tem utilizado ecologia de saberes com o sentido de dar consistência e legitimação epistemológica ao saber propositivo de caráter emancipatório. Por isso, afirma que ela é a epistemologia da luta contra as monoculturas que não toleram outras mediações pedagógicas diferentes das estabelecidas pelo legalismo ou pela ideologia hegemônica. Ecologia assume a ideia de multiplicidade e de relações não destrutivas entre os agentes protagonistas das diferentes práticas. A ideia dessa ecologia pressupõe valorizar as possibilidades emancipatórias a partir das experiências "ausentes" porque foram silenciadas, supressas ou marginalizadas pelas monoculturas.

> A ecologia de saberes é um conjunto de epistemologias que partem da possibilidade da diversidade e da globalização contra-hegemônicas e pretendem contribuir para as credibilizar e fortalecer [...]. Quando falo

> de ecologia de saberes, entendo-a como ecologia de práticas de saberes [...]. Trata-se de uma ecologia porque assenta no reconhecimento da pluralidade de saberes heterogêneos, da autonomia de cada um deles e da articulação sistêmica, dinâmica e horizontal entre eles. A ecologia de saberes assenta na independência complexa entre os diferentes saberes que constituem o sistema aberto do conhecimento em processo constante da criação e renovação (Santos B., 2006, p. 154 e 157).

A ecologia de saberes visa facilitar, em última instância, a constituição de sujeitos democráticos, individual e coletivamente, que sejam capazes de combinar a compreensão relacional dos fatos com sensibilidade solidária (Assmann e Mo Sung, 2000), crescente paixão e vontade de lutar contra a opressão, mas com humildade, característica da postura da pessoa aprendiz e educadora.

Brandão (2003, 2005) estabelece uma relação entre a ciência praticada em universidades e em outros centros de saber, considerando que tão válido quanto o conhecimento propriamente científico é o conhecimento e o modo de ver e agir de outras unidades sociais que se constituem espaços aprendentes de ação e reflexão. Aqui voltamos ao ponto de valorizar a educação popular a partir de um dos seus princípios: a articulação dos saberes populares com a pesquisa acadêmica. Ao lado de um conhecimento considerado científico existe, por toda parte, uma variedade de outros saberes, de outros sistemas culturais, valores e sensibilidades gerados entre diferentes grupos humanos. "Nada enriquece mais o que se investiga, o que se sabe e compreende e o que se faz do que a soma de diferentes contribuições; a integração entre diferentes experiências de vida, entre diversos modos de sentir e pensar" (Brandão, 2005, p. 90).

Para voltar à possibilidade de (re)construir pessoal e socialmente o *habitat* humano e retomar um paradigma de vida de cuidado, faz-se necessário que os processos de pesquisa e educação sejam capazes de enfrentar a *razão metonímica*. Esta se caracteriza pelas lógicas das monoculturas do saber, do tempo linear, da classificação social, da escala dominante, da lógica produtivista e do fundamentalismo religioso (Santos, B., 2004). A perspectiva da ecologia de saberes fundamenta-se na consciência de incompletude, em que buscamos saberes para superar as ignorâncias particulares. Trata-se de uma construção solidária, não colonialista: saberes construídos sempre de maneira processual, histórica e coletiva. A ecologia de saberes pretende traduzir "a captação da totalidade orgânica e aberta da realidade e do saber sobre esta totalidade" (Boff, 1995, p. 18). Tudo existe dentro de uma interação e interdependência. E acrescenta Boff: "Se tudo é relação e nada existe fora dela, então a lei mais universal é a sinergia, a sintropia, o inter-retrorrelacionamento, a colaboração, a solidariedade cósmica e a comunhão e fraternidade ou sororidade universais" (*op. cit.*, p. 52).

A compreensão de ecologia desde a perspectiva do Sul está em sintonia com a proposta do ecologismo dos pobres (Martlínez Alier, 1998) que ora se identifica com a utopia da emancipação social. E é desde este ponto de vista ético que precisamos avaliar os resultados de megaprojetos – de progresso ilimitado a qualquer preço – que geraram e continuam gerando a destruição da natureza e deterioração da vida no planeta.

Na prática, a ecologia de saberes, desde a ótica do Sul, pretende uma nova interação de relações radicalmente democráticas e éticas, instaurando a solidariedade como modo sustentável, generoso e corresponsável de as pessoas e os grupos humanos interagirem entre eles (Brandão, 2005). Na perspectiva ética, em meio às lutas sociais emancipatórias, sobretudo as do Sul, pode-se estar evidenciando elementos de uma transição paradigmática de caráter epistemológico e societal. Por isso, a compreensão de um conhecimento-emancipação, enquanto ecologia de saberes, carrega a potencialidade da democracia-sem-fim. Nela, a solidariedade confere ao "novo senso comum" (Santos, B., 2006) a sua marca de ética e ternura (corresponsabilidade pelo futuro e relação amorosa, de respeito e complementaridade com todos os seres) e a marca política (dimensão participativa – democracia participativa em torno de uma outra organização econômica e social) que dá sentido e rumo aos projetos de transformação social.

O trabalho associado pode tornar-se emancipador na medida em que possibilita a compreensão dos sentidos que ele tem para os próprios trabalhadores e, ao mesmo tempo, para os que utilizam os bens produzidos; no caso da reciclagem, os que são beneficiados com esse serviço de utilidade pública. Qualquer empreendimento, para ser sustentável na perspectiva do paradigma do cuidado, precisa manter uma relação orgânica com os que são alvo da sua produção ou serviço prestado. Confeccionar um bem ou prestar um serviço de qualidade e compensar satisfatoriamente quem adquire ou utiliza esse "produto" ofertado, é garantia básica para a continuidade do empreendimento. Numa relação puramente mercadológica de uma empresa qualquer, poder-se-ia inferir que isso dependeria de uma boa publicidade. Uma empresa privada, quando assume a terceirização de um determinado serviço público, busca barganhar o máximo no contrato e tenta maximizar o lucro, diminuindo despesas através da racionalização de materiais, pagamento de baixos salários etc. E não se costuma ver uma empresa capitalista gastar tempo com uma relação educativa com os "clientes", a não ser a propaganda para criar a necessidade de consumo e manter uma boa imagem no mercado e na sociedade.

Na economia popular solidária, a dinâmica possivelmente é mais exigente. Em vez da propaganda, a educação deverá ser "a alma do negócio". Isso fica evidente nos empreendimentos solidários que atuam na área de serviços públicos essenciais, como é o caso do destino do lixo. Primeiramente, faz-se necessário enfrentar estigmas para que a EPS não seja vista como um espaço de refúgio dos desempregados pela crise estrutural do emprego. Esses empreendimentos que integram a economia popular "carregam os germes de um novo sentido para o trabalho, de um novo projeto de desenvolvimento econômico" (Tiriba, 2006a, p. 67). A superação do trabalho alienado pela autogestão dos trabalhadores implica a compreensão de novos sentidos do trabalho e uma relação de reciprocidade com usuários e consumidores de serviços ou bens oferecidos.

Para enfatizar, volto novamente ao sentido das mediações pedagógicas, à formação de um novo *ethos* favorável à emancipação social, através do trabalho associado. A dimensão utópica da economia solidária, na sua prática e compreensão teórica, aponta para uma mudança do *ethos* do trabalho. Significa alterar, passar de uma visão instrumental e utilitarista do trabalho para assumir um novo paradigma de uma outra economia. Tal perspectiva combina viabilidade econômica com a participação na construção de uma sociedade diferente da concepção de desenvolvimento como crescimento ilimitado, de exploração ou predatório da natureza e do trabalho (crematística). O desconforto, o inconformismo ou a indignação perante o que existe suscitam o impulso da crítica e estimulam a busca de saídas.

Educadores têm uma contribuição importante no sentido de suscitar mediações pedagógicas em vista de fortalecer sujeitos econômicos de empreendimentos solidários, não somente produtores de bens, mas partícipes do movimento mais amplo da sociedade que busca reverter o quadro de desigualdade, concentração de renda e que gera uma maioria de seres infra-humanos condenados a viver das migalhas do consumismo. Trata-se de uma tarefa para a parte da sociedade que sente a necessidade de, acredita em e vai construindo passo a passo caminhos de emancipação social. A educação popular tem condições de redimensionar processos educativos – mediações pedagógicas –, estimulando uma ação social com mais humildade, mas sem abandonar as utopias, e sim as recriando.

A conclusão dessas considerações sugere que a busca da justiça social se ligue intimamente com a luta por uma justiça cognitiva. A ecologia de saberes propõe-se a assumir, em última análise, um horizonte ético e democrático que priorize a igualdade de oportunidades, constituindo-se, de modo especial, uma potencial mediação pedagógica tanto para os empreendimentos como para o movimento de economia popular solidária como um todo.. O desafio está em ousar na reflexão histórico-crítica sobre os processos coletivos das organizações e lutas emancipatórias. As ecologias de saberes são construídas através de mediações pedagógicas presentes nas práticas sociais como as de trabalho associado, e, por sua vez, o novo *ethos* terno e democrático vai se consolidando e possibilita novas mediações com vistas a aperfeiçoar a perspectiva ética para avançar no processo de emancipação social.

CONSIDERAÇÕES FINAIS

A economia popular solidária é constituída de espaços prenhes de elementos reais e potenciais, simbólicos e materiais valiosos, com potencial educativo emancipador. Todavia, como modo de produzir, que vai na contramão das relações capitalistas, não significa ainda a consolidação de um modo socialista de produção, mas apenas um modo diferente de produzir. Há que cuidar para atribuir-lhe o lugar e valor adequado, fora dos pólos extremos que, de um lado, os considera insignificantes e, de outro, os coloca como panacéia para "curar" as mazelas do capitalismo.

A centralidade da educação por longo tempo credenciada à escola retardou o alargamento do olhar de uma teoria pedagógica para dar conta dos fenômenos educativos que acontecem em outros tempos e espaços. A educação não-formal, tal como nas mediações pedagógicas de trabalho associado, aqui analisada, aponta para o reconhecimento de que os processos de educação que ocorrem fora da escola influenciam tanto ou mais a vida no atual contexto marcado pelas tecnologias da informação. Com a opção pedagógica da educação popular aqui assumida infiro que a formação passa pela experiência refletida, interpenetrada pelas condições materiais da existência. Mas valorizar a experiência não significa abrir mão da diretividade da educação que constrói a relação educadores-educandos.

A tarefa primeira das mediações pedagógicas é a de contribuir para tornar os saberes das experiências menos "opacas" aos próprios sujeitos, facilitando a eles atribuir sentidos às mesmas. Em que pese a fragilidade da economia popular solidária frente à economia capitalista hegemônica, é possível concluir que a contribuição da primeira seja de ousar um caminho inverso para a formação dos trabalhadores. Ou seja, em vez de formar para adaptar indivíduos às exigências do trabalho, as mediações pedagógicas analisadas propõem uma nova prática que busca a transformação do próprio contexto de trabalho. Nesta compreensão, investir na formação dos trabalhadores significa empenhar-se, também, na qualificação dos espaços hoje existentes e na criação de novos modelos solidários de organização do trabalho que apontem para a emancipação social. As práticas analisadas apresentaram múltiplas mediações pedagógicas explicitando o movimento sempre tenso da relação entre a necessária qualificação dos trabalhadores e a organização do ambiente e as condições de trabalho. Parafraseando Arroyo (1997), de que adiantaria "qualificar o trabalhador para uma tarefa desqualificadora"?

Na forma associada ou solidária, os trabalhadores se organizam com o fim de produzir para o bem-viver e conquistar a gradativa libertação das amarras da organização capitalista de trabalho assalariado, o que constitui sua perspectiva utópica. Mas a superação da exploração ou da oposição entre capital e trabalho não elimina questões conflitivas como as de ordem cultural (incluindo a de gênero e a étnico-racial), ética, de postura política coerente com a prática e vivência da democracia e novas relações socioambientais. A presença da solidariedade em práticas sociais não significa automaticamente um processo de emancipação. A economia solidária contém, ao mesmo tempo, aspectos de assistencialismo e de emancipação, o que tem a ver com questões culturais e metodológicas. Socializar os frutos materiais e espirituais da atividade humana será um processo permanentemente aperfeiçoável. É possível começar combatendo a fome, desde que o projeto seja a expansão da qualidade de vida através da rearticulação do social e do econômico.

A dinâmica emancipadora exige que os trabalhadores rompam com uma cultura de dependência, elementos de subordinação incorporados ao *ethos* no decorrer da vida em que os sujeitos se acostumaram a reproduzir relações de dominação, recebendo ordens. Em outras palavras, necessitam superar o temor entranhado – desde os processos educativos ocorridos na família, na escola e nas relações sociais, no trabalho e na vida cotidiana – de que sofrerão represálias caso se autonomizem deixando de agradar seus "superiores". Trata-se de um (re)construir gradativo de uma nova cultura considerando as heranças de um *ethos* de subordinação, plasmado durante 400 anos de escravidão no Brasil.

O projeto pedagógico que tem florescido nos espaços da economia popular solidária se engendra no horizonte dialógico, na interação comunitária desde a "comunidade das vítimas oprimida [...] os condenados da terra" (cf. DUSSEL, 2000). Através do envolvimento em lutas emancipatórias mais amplas, setores empobrecidos organizados podem "sacudir a carga alienante" que pesa sobre sua cultura, irmanando-se com os iguais para trilhar os caminhos da emancipação social. No entanto, há que se evitar "utopismos" que fantasiam realidades desiguais como se fossem perfeitas, mas que, na verdade, continuam presas a um paradigma linear e determinista de uma "salvação" redentora. É o risco da ideologização muito presente em movimentos sociopolíticos e que atinge igualmente a economia popular solidária.

Os vínculos entre trabalho, educação e economia constituem-se um campo fértil de educação. Nas mediações pedagógicas encontradas na ARDI, e que podem ser percebidas com maior ou menor intensidade em boa parte de empreendimentos organizados com base nos princípios autogestionários, o trabalho associado constitui princípio educativo. Nos empreendimentos de EPS, pela atividade do trabalho, com seus múltiplos elementos – seja pela sua organização, prática de gestão, relações de trabalho e convívio ou relações com espaços externos; seja pelo uso de objetos técnicos, saberes partilhados e construídos etc. –, vão (re)construindo um novo *ethos* do cuidado e consolidando uma cultura do trabalho.

Vale ressaltar que o trabalho coletivo pode criar ou potencializar um ambiente educativo, desde que o sentido de comunidade – que pode oportunizar incentivos psicológicos indispensáveis, tanto para o processo produtivo como para o educativo – não camufle, esconda ou negue os conflitos que permeiam as relações sociais de produção. Os conflitos podem ser assumidos como vetor educativo, porém o seu abafamento ou acirramento, na prática, pode tornar-se um limite a dificultar o caminho das mediações pedagógicas em vez de produzir aprendizados e práticas novas.

Por fim, destaco a própria ARDI como mediadora pedagógica, sobretudo pelo vetor ecológico ou ambiental. Primeiramente, para os seus associados que mobilizaram saberes e sentidos para suas vidas, através da construção de conhecimentos ligados ao processo de organização, relações internas, questões técnicas de produção, administração, além de saberes de um *ethos* defensor da vida. Na história da ARDI fica perceptível que ela multiplicou e potencializou mediações pedagógicas que resultaram em processos educativos junto a organizações e grupos sociais do seu município e outras regiões do estado e do país. Quando um empreendimento solidário se insere no espaço local, amplia as possibilidades de sua sustentabilidade pela sua relação educadora e aprendente com outros sujeitos.

Cabe aos educadores contribuir para ajudar os sujeitos envolvidos a reconhecerem na prática de autogestão um lugar de formação dos trabalhadores, com autonomia, compreensão política democrática e emancipadora a ser praticada em todos os espaços de vida. Educadores e pesquisadores têm um papel imprescindível e podem ser parceiros na construção e consolidação de uma cultura do trabalho, partindo da atividade cotidiana dos empreendimentos, na interação com a causa maior: a construção de outro mundo possível, de qualidade de vida para todas e todos...

REFERÊNCIAS BIBLIOGRÁFICAS

ADAMS, Telmo (1989). "Modelos Alternativos de Cooperação: um meio de transformação pela solidariedade", in: *Perspectiva Econômica*. São Leopoldo: EDUNISUL, v. 24, n. 67, p. 5-40, out./nov. (Série Cooperativismo, 27).

______ (2001). *Prática social e formação para a cidadania: Cáritas do Rio Grande do Sul*. Porto Alegre: EDIPUCRS, 219 p.

______. *Construindo uma Economia Popular Solidária no Rio Grande do Sul*. 3ª ed. rev. atual. Porto Alegre: Cáritas do Rio Grande do Sul (Caderno de Formação, 1).

______ (2005). *Vivendo e Reciclando: Associação dos Recicladores de Dois Irmãos ajudando a preservar a natureza*. São Leopoldo: Oikos, 88 p.

______ *et al.* (2006). "Saberes da experiência no trabalho associado: Associação dos Recicladores de Dois Irmãos", in: *Educação Unisinos*. São Leopoldo, v. 10, n. 2, p. 148-153.

______ (org.) (2007). *Educação e Economia Popular Solidária: Uma experiência de pesquisa-formação*. São Leopoldo: Oikos Editora, 64 p.

ALBORNOZ, Sazana (2000). *O que é trabalho*. 6ª ed. São Paulo: Brasiliense, 103 p. (Coleção Primeiros passos, 171).

ALVES, Patrícia Formiga Maciel (2000). "Religião e mutação: uma análise sobre mudança de *ethos* no universo protestante", in: *Revista Política & Trabalho*, n. 16, set., p. 197-209.

ALBUQUERQUE, Paulo Henrique Martins de (2006). "Economia do dom e a visão de Marcel Mauss: Alternativas para uma outra economia", in: Entrevista, *IHU Online*, São Leopoldo, 9 out. 2006, ano 6, n. 199.

ALVES DA SILVA, Roberto Marinho (org.) (2005). *Desenvolvimento solidário e sustentável*. Brasília: Cáritas Brasileira, 72 p. (Cadernos Cáritas, 6).

ANTUNES, Ricardo (1997). *Adeus ao trabalho?* Ensaio sobre as metamorfoses e a centralidade do mundo do trabalho. 4ª ed. São Paulo: Cortez, 155 p.

______ (2000). *Os sentidos do trabalho.* São Paulo: Boitempo.

ARROYO, Miguel (1997). "Pedagogia das relações de trabalho", in: *Trabalho & Educação:* Revista do NETE, n. 2, ago./dez., p. 61-67.

______ (1999). "As relações sociais na escola e a formação do trabalhador", in: FERRETI, Celso; SILVA JR., João dos Santos; OLIVEIRA, Maria Rita N. S. *Trabalho, formação e currículo: para onde vai a escola?* São Paulo: Xamã, vol. 1, p. 13-42.

ARRUDA, Marcos (2003). *Humanizar o infra-humano: a formação do ser humano integral: homo evolutivo, práxis e economia solidária.* Petrópolis, RJ: Vozes, 263 p.

ASSMANN, Hugo (1998). *Reencantar a Educação: Rumo à sociedade aprendente.* 2ª ed. Petrópolis, RJ: Vozes, 251 p.

ASSMANN, Hugo; MO SUNG, Jung (2000). *Competência e sensibilidade solidária: Educar para a esperança.* Petrópolis, RJ: Vozes, 331 p.

BAUMAN, Zygmunt (2003). *Comunidade, a busca por segurança no mundo atual.* Rio de Janeiro: Zahar, 141 p.

BOFF, Leonardo; BOFF, Clodovis (1985). *Como fazer teologia da libertação.* Petrópolis, RJ: Vozes / IBASE (Coleção Fazer).

_____ (1995). *Princípio-Terra: A volta à terra como pátria comum.* São Paulo: Editora Ática, 80 p.

_____ (1999). *Saber cuidar: ética do humano – compaixão pela terra.* 4ª ed. Petrópolis: Vozes, 200 p.

_____ (2002). "A nova consciência", in: MURARO, Rose M.; BOFF, Leonardo. *Feminino e masculino: Uma nova consciência para o encontro das diferenças.* Rio de Janeiro: Sextante, p. 15-120.

BONAMUSA, Margarita (1997). "Que es la sociedad civil? Una Mirada a Colômbia", in: FESCOL. *Sociedad civil, control social y democracia participativa.* Bogotá: Tercer Mundo Editores, p. 65-88.

BOURDIEU, Pierre (1992). *A economia das trocas simbólicas.* Tradução e organização de Sergio Miceli *et al.* São Paulo: Perspectiva.

______ (1996). *Razões práticas: Sobre a teoria da ação.* Campinas: Papirus.

Brandão, Carlos Rodrigues (1983). *O que é educação*. 10ª ed. São Paulo: Brasiliense (Coleção Primeiros passos, 20).

______ (2003). *A pergunta a várias mãos: A experiência da pesquisa no trabalho do educador*. São Paulo: Cortez (Série Saber com o outro, 1).

______. (2005). "Comunidades aprendentes", in: Ferraro Júnior, Luiz Antônio (org.). *Encontros e caminhos: formação de educadoras/es ambientais e coletivos educadores*. Brasília: MMA, Diretoria de Educação Ambiental, p. 84-91.

Brandão, Carlos Rodrigues; Streck, Danilo Romeu (orgs.) (2006). *Pesquisa Participante:* O saber da Partilha. Aparecida, SP: Idéias & Letras.

Brandão, Carlos Rodrigues (2006). "A pesquisa participante e a participação da pesquisa: Um olhar entre tempos e espaços a partir da América Latina", in: id.; Streck, Danilo Romeu (org.) (2006). *Pesquisa Participante: O saber da Partilha*. Aparecida, SP: Idéias & Letras, p. 21-54.

Caillé, Alain (2002). *Antropologia do dom: O terceiro paradigma*. Tradução Ephraim Ferreira Alves. Petrópolis, RJ: Vozes.

CAMP – Centro de Assessoria Multiprofissional (2007). *Relatório de sistematização de experiências de formação em economia solidária*. Porto Alegre: CAMP.

Canas, Mercedes (2000). "A vida cresce em nós: um ponto de vista ecofeminista", in: Ruether, Rosemary Radford (org.). *Mulheres curando a Terra: mulheres do Terceiro Mundo na ecologia, no feminismo e na religião*. Tradução de Sylvia Márcia K. Belinky. São Paulo: Paulinas, p. 44-51.

Capra, Fritjof (2002). *As conexões ocultas: Ciência para uma vida sustentável*. Tradução de Marcelo Brandão Cipolla. São Paulo: Pensamento/ Cultrix, 296 p.

Cáritas Brasileira (1995). *Sobrevivência e cidadania: avaliação qualitativa dos projetos alternativos da Cáritas Brasileira*. Brasília: Editora Universidade de Brasília, 235 p.

______ (2003). *Vinte anos de economia popular solidária: trajetória da Cáritas Brasileira dos PACs à EPS*. Brasília: Cáritas Brasileira – Secretariado Nacional, 145 p.

Cattani, Antonio David (1996). *Trabalho & autonomia*. Petrópolis, RJ: Vozes. 195 p.

______ (org.) (2003). *A outra economia.* Porto Alegre: Veraz Editores, 306 p.

CELAM (1968). *Conclusões da Conferência Episcopal de Medellín.* Petrópolis, RJ: Vozes.

Coraggio, José Luís (1996). *Desenvolvimento Humano e Educação: o papel das ONGs latino-americanas na iniciativa da Educação para todos.* São Paulo: Cortez / Instituto Paulo Freire, 277 p. (Coleção Prospectiva, 1).

Corrêa, José Alberto (2005). *Elementos para uma crítica da ideologia da inclusão no campo educativo.* Seminário. São Leopoldo: Seminário do PPG em Educação/Unisinos, 22-24.08. [S. I.: s. n.], Mimeo.

Demo, Pedro (1995). *Cidadania tutelada e cidadania assistida.* Campinas, SP: Autores Associados, 171 p.

______ (2002). *Solidariedade como efeito de poder.* São Paulo: Cortez / Instituto Paulo Freire, 287 p. (Coleção Prospectiva, 7).

Dewey, John (1979). *Democracia e educação: introdução à filosofia da educação.* Tradução de Godofredo Rangel e Anísio Teixeira. 4ª ed. São Paulo: Nacional, 420 p.

Dowbor, Ladislau (2002). *O que acontece com o trabalho?* São Paulo: Editora SENAC (Série Ponto Futuro, 10).

Dussel, Enrique D. (1977). *Para uma ética da libertação latino-americana: Eticidade e Moralidade II.* São Paulo: Loyola / Unimep.

______ (1980). *Filosofia da Libertação na América Latina.* 2ª ed. Tradução Luiz João Gaio. São Paulo: Loyola, 285 p.

______ (1986). *Ética Comunitária: Liberta o pobre!* Tradução de Jaime Clasen. Petrópolis, RJ: Vozes.

______ (2000). *Ética da Libertação na idade da globalização e da exclusão.* Tradução de Ephraim Ferreira Alves, Jaime A. Clasen e Lúcia M. E. Orth. Petrópolis, RJ: Vozes, 671 p.

Fals Borda, Orlando (1972). “Formação e deformação da política cooperativa na América Latina”. Tradução e síntese de Gilvando Rios. Boletín do Instituto Internacional de Estúdios Laborales. Genebra: 1970. In: *Revista Cooperativismo Cia Nordeste*, Recife, jan./abr. 1972, p. 33-41.

Fischer, Maria Clara Bueno; Ziebell, Clair Ribeiro (2004). "Saberes da experiência e o protagonismo das mulheres: construindo e desconstruindo relações entre esferas da produção e da reprodução", in: Picanço, Iracy; Tiriba, Lia (org.). *Trabalho e Educação: Arquitetos, abelhas e outros tecelões da economia popular solidária*. Aparecida, SP: Idéias & Letras, p. 55-74.

Fischer, Nilton Bueno (2006). *Trabalho e autonomia: construção possível entre os trabalhadores, homens e mulheres, recicladores da Associação Ecológica Robem Berta de Porto Alegre (RS)*. Educação Unisinos, São Leopoldo, v. 10, n. 2, p. 130-138.

Freire, Paulo (1976). *Educação como prática da liberdade*. 6ª ed. Rio de Janeiro: Paz e Terra, 150 p.

______. *Ação cultural para a liberdade*. 2ª ed. Rio de Janeiro: Paz e Terra, 1977.

______ (1978). *Pedagogia do oprimido*. 5ª ed. Rio de Janeiro: Paz e Terra.

______ (2001). *Política e educação: ensaios*. 5ª ed. São Paulo: Cortez (Coleção Questões de Nossa Época; v. 23).

______ (1994). *Pedagogia da esperança: Um reencontro com a Pedagogia do Oprimido*. 3ª ed. São Paulo: Paz e Terra, 245 p.

______ (2000). *Pedagogia da indignação: Cartas pedagógicas e outros escritos*. São Paulo: UNESP.

______ (2004). *Pedagogia da autonomia: Saberes necessários à prática educativa*. 29ª ed. Rio de Janeiro: Paz e Terra, 148 p.

Gadotti, Moacir (1995). *Pedagogia da práxis*. São Paulo: Cortez, 333 p.

______ (2006). *Educar para um outro mundo possível*. São Paulo: Publisher Brasil, 207 p.

Gaiger, Luiz Inácio Germany (1994). *Sobrevivência e utopia: os projetos alternativos comunitários no RS*. São Leopoldo: UNISINOS (Cadernos do CEDOPE, 10 [Série Movimentos Sociais e Cultura]).

______ (1997). "Ethos de posição e vida cotidiana: O ethos como mediação entre condições sociais e comportamentos", in: *Estudos Leopoldenses*, Série Ciências Humanas, São Leopoldo, v. 33, n. 151, p. 69-94.

_____ *et al.* (1999). *A Economia solidária no RS: viabilidade e perspectivas.* São Leopoldo: UNISINOS (Cadernos do CEDOPE, 15 [Série Movimentos Sociais e Cultura]).

_____ (2003). "Empreendimentos econômicos solidários", in: CATTANI, A. David (org.). *A outra economia.* Porto Alegre: Veraz Editores, p. 135-143.

_____ (org.) (2004). *Sentidos e experiências da economia solidária no Brasil.* Porto Alegre: Editora da UFRGS, 418 p.

GEERTZ, Clifford (1978). *A interpretação das culturas.* Rio de Janeiro: Zahar.

GIDDENS, Anthony (1991). *As consequências da modernidade.* São Paulo: UNESP.

GOHN, Maria da Glória (1997). *Teoria dos movimentos sociais: paradigmas clássicos e contemporâneos.* São Paulo: Loyola.

_____ (2003). "Não são apenas os 'sem' que protestam, os 'com' estão ameaçados", in: Entrevista. *IHU Online*, São Leopoldo, 11 ago., p. 4-8.

GONZÁLEZ, Juliana (1996). *El ethos, destino del hombre.* México: Universidad Nacional Autônoma de México.

GUARESCHI, Pedrinho A. (2008). "Pressupostos psicossociais da exclusão: competitividade e culpabilização", in: SAWAIA, Bader (org.). *As artimanhas da exclusão.* Análise Psicossocial e ética da desigualdade social. 8ª ed., Petrópolis, RJ: Vozes.

GUTIÉRREZ, Francisco (1999). "Alcances educativos do 'fator C'", in: GADOTI, Moacir; GUTIÉRREZ, Francisco (orgs.). *Educação comunitária e economia popular.* 2ª ed. São Paulo: Cortez, p. 98-116.

JARA H., Oscar (2006). "Sistematização das experiências: algumas apreciações". Tradução Sérgio Herbert. In: BRANDÃO, Carlos Rodrigues; STRECK, Danilo Romeu (orgs.) (2006). *Pesquisa Participante: O saber da partilha.* Aparecida, SP: Idéias & Letras, p. 227-243.

KUENZER, Acácia Z. (1995). *Pedagogia da fábrica: As relações de produção e a educação do trabalhador.* 4ª ed. rev. São Paulo: Cortez, 215 p.

_____ (2006a). *Educação profissional: categorias para uma nova pedagogia do trabalho.* Disponível em http://www.senac.br/informativo/BTS/252/boltec252b.htm, acesso em: dez. 2006.

______ (2006b). *Conhecimento e competências no trabalho e na escola.* http://www.senac.br/inofmativo/GTS/282/boltec282a.htm, acesso em: dez. 2006.

LECHAT, Noëlle Marie Paule (2004). *Trajetórias intelectuais e o campo da economia solidária no Brasil.* Tese de Doutorado em Ciências Sociais – Departamento de Antropologia do Instituto de Filosofia e Ciências Humanas, Universidade Estadual de Campinas, Campinas, SP.

______ (2006). *As raízes históricas da economia solidária e seu aparecimento no Brasil.* Ijuí, RS: Ed. Unijuí (Cadernos Unijuí: Série Economia Solidária, 1).

LIBÂNEO, José Carlos (2002). *Pedagogia e pedagogos para quê?* 6ª ed. São Paulo, Cortez.

LISBOA, Armando de Melo (2003). "Terceiro Setor", in: CATTANI, Antonio D. (org.). *A outra economia.* Porto Alegre: Veraz Editores, p. 253-259.

MARTÍNEZ ALIER, Joan (1998). *Da economia ecológica ao ecologismo popular.* Tradução de Armando de Melo Lisboa. Blumenau, SC: Ed. da FURB, 402 p.

MARTINS, José de Souza (2000). *A sociabilidade do homem simples:* cotidiano e história na modernidade anômala. São Paulo: Hucitec, 210 p.

______ (2002). *A sociedade vista do abismo:* novos estudos sobre exclusão, pobreza e classes sociais. Petrópolis, RJ: Vozes, 228 p.

MATURANA, Humberto R.; VARELA, Francisco J. (2002). *Árvore do conhecimento:* As bases biológicas da compreensão humana. Tradução Humberto Mariotti e Lia Diskin. São Paulo: Palas Athena.

MEJÍA JIMÉNEZ, Marco Raúl; AWAD, Myriam (2001). *Pedagogías y metodologias en Educación Popular: La negociación cultural: una búsqueda.* Quito, Equador: Dimensión Alternativa, 240 p. (Fé y Alegria: Série Estúdios Educativos).

______; Marco Raúl (2006). *Educación(es) en la(s) globalización(es): Entre el pensamiento único y la nueva crítica.* Bogotá: Ediciones desde Abajo, 332 p.

MELUCCI, Alberto (2001). *A invenção do presente: movimentos sociais nas sociedades complexas.* Tradução de Maria do Carmo Alves do Bonfim. Petrópolis, RJ: Vozes, 199 p.

MIGNOLO, Walter D. (2004). "Os esplendores e as misérias da 'ciência': colonialidade, geopolítica do conhecimento e pluriversalidade epistêmica", in: SANTOS, Boaventura de Sousa (org.). *Conhecimento prudente para uma vida decente:* um discurso sobre as ciências revisitado. São Paulo: Cortez, p. 667-709.

MONTAÑO, Carlos (2002). *Terceiro Setor e questão social:* crítica ao padrão emergente de intervenção social. São Paulo: Cortez.

OLIVEIRA, Avelino da Rosa (2004). *Marx e a exclusão.* Pelotas: Seiva, 162 p.

OLIVEIRA, Manfredo Araújo de (1997). *Tópicos sobre dialética.* Porto Alegre: EDIPUCRS, 266 p.

OLIVEIRA, Marta Kohl de. "Vygotsky e o processo de formação de conceitos", in: LA TAILLE, Yves de. *Piaget, Vygotsky, Wallon: teorias psicogenéticas em discussão.* São Paulo: Summus, 1992.

PALUDO, Conceição (2001). *Educação Popular em busca de alternativas: uma leitura desde o campo democrático e popular.* Porto Alegre: Tomo Editora.

PEIXOTO FILHO, José Pereira (2004). "Puxando o fio da meada: educação popular e produção associada", in: PICANÇO, Iracy; TIRIBA, Lia (org.). *Trabalho e Educação: Arquitetos, abelhas e outros tecelões da economia popular solidária.* Aparecida, SP: Idéias & Letras, p. 33-54.

POCHMANN, Márcio (2001). *O emprego na globalização.* São Paulo: Boitempo.

______ (ed.). (2003). *Atlas da exclusão social no Brasil.* vol. 3: Os ricos no Brasil. São Paulo: Cortez.

POLANYI, Karl (1992). *La gran transformación: Los orígenes políticos y econômicos de nuestro tiempo.* Traducción e Eduardo L Suárez. México: Fondo de Cultura Econômica, 306 p.

QUIJANO, Aníbal (2002). "Sistemas alternativos de produção?". Tradução de Manuel del Pino. In: SANTOS, Boaventura de Sousa (org.). *Produzir para viver: os caminhos da produção não capitalista.* Rio de Janeiro: Civilização Brasileira, 2002c. p. 475-414.

RAZETO, Luis *et al* (1990). *Las organizaciones económicas populares 1973-1990.* 3ª ed. atual. Santiago: S.R.V. Impresos, 237 p.

_____ (1999). "Economia de solidariedade e organização popular", in: Gadoti, Moacir; Gutiérrez, Francisco (orgs.). *Educação comunitária e economia popular.* 2ª ed. São Paulo: Cortez, p. 34-58.

Restrepo, Luís Carlos (2001). *O direito à ternura.* Tradução Lúcia M. Endlich Orth. 3ª ed. Petrópolis, RJ: Vozes, 110 p.

Ruether, Rosemary Radford (org.) (2000). *Mulheres curando a Terra: mulheres do Terceiro Mundo na ecologia, no feminismo e na religião.* Tradução de Sylvia Márcia K. Belinky. São Paulo: Paulinas, 294 p.

Santos, Boaventura de Sousa (2002a). "Os processos de globalização", in: _____ (org.). *A globalização e as ciências sociais.* São Paulo: Cortez, p. 25-94.

_____ (2002b). *A crítica da razão indolente: contra o desperdício da experiência*: Vol. 1: Para um novo senso comum: A ciência, o direito e a política na transição paradigmática. 4ª ed. São Paulo: Cortez (Coleção Para um novo senso comum, 1).

_____ (org.) (2002d). *Produzir para viver: os caminhos da produção não capitalista.* Rio de Janeiro: Civilização Brasileira, 515 p.

_____ (2004). "Para uma sociologia das ausências e uma sociologia das emergências", in: Santos, Boaventura de Sousa (org.). *Conhecimento prudente para uma vida decente: Um discurso sobre as ciências revisitado.* São Paulo: Cortez, p. 777-819.

_____ (2006). *A gramática do tempo: para uma nova cultura política.* São Paulo: Cortez (Coleção Para um novo senso comum, 4).

Sarria Icaza, Ana Mercedes; Freitas, Marcelo Ribeiro de (orgs.) (2006). *O projeto Esperança/Cooesperança e a construção da economia solidária no Brasil:* Relato de uma experiência. Porto Alegre: Cáritas Brasileira.

Santos, Boaventura de Sousa; Avritzer, Leonardo (2002c). "Para ampliar o cânone democrático", in: Santos, Boaventura de Sousa (org.). *Democratizar a democracia: os caminhos da democracia participativa.* Rio de Janeiro: Civilização Brasileira (Reinventar a emancipação social: para novos manifestos, 1).

Saviani, Dermeval (1986). *Escola e democracia.* 10ª ed. São Paulo: Cortez/Autores Associados.

______ (1996). "Filosofia da Educação: crise da modernidade e o futuro da filosofia da práxis", in: FREITAS, Marcos Cezar de. *A reinvenção do futuro*. São Paulo: Cortez, p. 167-185.

SCHWARTZ, Yves (2003). "Trabalho e saber". Tradução de Daisy Moreira Cunha *et al*., in: *Trabalho & Educação*, vol. 12, n. 1, p. 21-34, jan./jun.

SILVA, Maria Salete de A.; RUGGERI, Wilma e LIMA, Jota (2003). *Para que minha família se transforme*. Campinas, SP: Verus Editora, 125 p.

SINGER, Paul (2002a). *Introdução à Economia Solidária*. São Paulo: Fundação Perseu Abramo, 127 p.

_____ (2002b). "A recente ressurreição da economia solidária no Brasil", in: SANTOS, Boaventura de Sousa. *Produzir para viver: Os caminhos da produção não capitalista*. Rio de Janeiro: Civilização Brasileira, p. 81-129.

STRECK, R. Danilo (2003). *Educação para um novo contrato social*. Petrópolis, RJ: Vozes.

______ (2005). *Correntes pedagógicas: Uma abordagem interdisciplinar*. Petrópolis, RJ: Vozes; Rio Grande do Sul: Celadec.

STRECK, R. Danilo; ADAMS, Telmo (2006). "Lugares da participação e formação da cidadania", in: *Revista Civitas*, Porto Alegre: PUCRS, vol. 6, n. 1, jan./jun., p. 95-117.

SUCHODOLSKI, Bogdan (1984). *A pedagogia e as grandes correntes filosóficas: Pedagogia da essência e a pedagogia da existência*. Tradução Liliana Rombert Soeiro. 3ª ed. Lisboa: Livros Horizonte, LDA, 128 p.

TAVARES, Maria Augusta (2004). *Os fios (in)visíveis da produção capitalista: Informalidade e precarização do trabalho*. São Paulo: Cortez.

TEIXEIRA, Francisco José Soares (1994). "Mercado informal de trabalho: página virada?" Prefácio. In: TAVARES, Maria Augusta. *Os fios (in) visíveis da produção capitalista: Informalidade e precarização do trabalho*. São Paulo: Cortez, p. 9-14.

THIOLLENT, Michel (2006). "A inserção da pesquisa-ação no contexto da extensão universitária", in: BRANDÃO, Carlos Rodrigues; STRECK, Danilo R. (orgs.). *Pesquisa Participante: O saber da partilha*. Aparecida, SP: Idéias & Letras, p. 151-165.

TIRIBA, Lia (2001). *Economia popular e cultura do trabalho:* Pedagogia(s) da produção associada. Ijuí, RS: Editora Unijuí, 342 p. (Coleção Fronteiras da Educação).

______ (2004). "Ciência econômica e saber popular: Reivindicar o "popular" na economia e na educação", in: PICANÇO, Iracy; TIRIBA, Lia. (orgs.). *Trabalho e Educação: Arquitetos, abelhas e outros tecelões da economia popular solidária.* Aparecida, SP: Idéias & Letras, p. 75-101.

______ (2006a). "Economia popular e cultura do trabalho", in: *IHU Online*, ano 5, n. 173, mar. 2006, p. 65-67.

______ (2006b). "Cultura do trabalho, produção associada e produção de saberes", in: *Educação Unisinos*, São Leopoldo, vol. 10, n. 2, p. 116-122.

TORRES, Maria Rosa. *Comunidade de aprendizagem: A educação em função do desenvolvimento local e da aprendizagem.* Instituto Fronesis: www.fronesis.org, acesso em: maio 2005.

VAZQUEZ, Adolfo Sanchez (1968). *Filosofia da práxis.* Rio de Janeiro: Paz e Terra.

VAZ, Henrique C. de Lima (1988). *Escritos de filosofia II: Ética e cultura.* São Paulo: Loyola, 296 p.

VYGOTSKY, Lev S. *A formação social da mente.* São Paulo, Martins Fontes, 1984.

Impressão e acabamento
Gráfica e Editora Santuário
Em Sistema CTcP
Rua Pe. Claro Monteiro, 342
Fone 012 3104-2000 / Fax 012 3104-2036
12570-000 Aparecida-SP